成長から成熟へ

天野祐吉
Amano Yukichi

a pilot of wisdom

目次

テレビは広告を解体する
それは化粧品から始まった
欲望の廃品化からセンスの差異化へ
経済大国行き列車の脱線

第三章　生活大国ってどこですか

「広告批評」の創刊
広告を広告する
だれのための意見広告
成長に原発は欠かせない？
生活大国はいかが
グローバル化はこわい
さようなら経済大国
成熟社会への引っ越し

「光学的な歪み」©Atelier Robert Doisneau/Contact

プロローグ　世界は歪んでいる

朝起きて、部屋のカーテンを開けたらびっくりした。

前の道路の電柱がぐにゃっと曲がっている。

向かいの五階建てのマンションも、絞ったタオルみたいにねじれている。

それだけじゃない。すべての風景が大きく歪《ゆが》んでいるのだ。

——というふうに、歪みがはっきり目に見えればいいのですが、電柱も向かいのマンションもまわりの風景も、実は何一つ変わっていない。すべてきのうと同じです。

でも、それはぼくの目が馴《な》らされているだけのことで、どう考えても実際は歪んでいると思えることが、いまの世の中、いっぱいあるんじゃないか。と言うより、世の中のほとんどすべてが歪んでいるように、ぼくには思えるのです。

その1

身近な話、いま窓の下の道をマスクをした女の人が歩いています。きのうも青山の骨董《こっとう》通りを歩いていて気づいたのですが、道を行く人の三割はマスクをかけて歩いていました。すれ違う人一〇〇人についてちゃんと数えたんだから、間違いありません。

花粉症に悩まされているとか、風邪を人にうつさないように気をつけているとかいうのならわかります。が、人に風邪をうつさないじゃなく、人に風邪をうつされないようにかけている人がいる。それとか、大気汚染から身を守ろうとかけている人もいます。これは人に聞いた話ですが、近ごろはあまり人に顔を見られたくないというんで、外に出るときはマスクをかけているという人もいるそうです。へんな世の中ですね。

昔は、マスクなんかかけている人は、めったにいませんでした。だいたい、マスクをかけると、顔が見えなくなる。顔が見えないというのはブキミなものです。鞍馬天狗《くらまてんぐ》は覆面で顔を隠しているから怖がられるのであって、いつも覆面を取って歩いていたら、ただのオジサンになってしまうじゃないですか。

それがここ一〇年ほどの間に、マスク人間がどんどんふえている。鞍馬天狗がぞろぞろ歩いている。マスク製造業界の陰謀ではないかと思うくらいで、マスクの種類も多様化し、値段も高くなっています。このぶんでいくと、いまに顔中すっぽり覆う覆面式マスクとか、カラフルなデザインマスクとか、いろんなマスクが登場して、マスクをかけずにマチを歩いている人は、かなり変人ということになってしまうんじゃないかという気がするくらいです。

ま、こんなにマスクがふえたのも、環境がそれだけ悪化したことの一つのあらわれであることは確かです。花粉症だって、あれは花粉だけのせいじゃない、花粉が大気中の汚染物質と結合してワルさをしている可能性があります。が、もっと切実なのは、ＰＭ２・５のような有害物質をふくんだスモッグの問題で、北京《ペキン》がそのスモッグにすっぽり包まれている異様な光景をテレビで見たときはぞっとしました。それが日本にも飛んでくると迷惑がっている人もいますが、その責任の一端は工業製品をじゃんじゃんアジア各地に売り込んでいる日本にもある。いま大気汚染の被害がいちばんひどいのはインドや中国で、日本は安全圏にあるなんて安心している場合じゃないでしょう。

それにしても、汚染から身を守る策ばっかり考えて、汚染が発生するモトを断っていくような攻めの方向にはなかなか踏み出さない。それをやると経済成長の足を引っ張ることになるからですね。こんな政治のあり方に、みんなで色とりどりのマスクをかけて抗議デモをやったらどうなんでしょう。

その2

大気を汚さないはずの原発も、ひとたび事故を起こせば地上や大気中に危険な放射能をまき散らす。この狭い国土の中に、原発が五四基もあるというんだって、ふつうじゃありません。福島第一原発の四基は廃炉と決まったから正確には五〇基ですが、アメリカの一〇四基、フランスの五八基に次いで、これは世界第三位の多さです（いずれも二〇一二年のデータ）。

ちなみに、四位のロシア（三三基）、五位の韓国（二〇基）、六位のイギリス（一八基）……と続いていくのですが、この各国の原発の基数を面積比にして世界地図を描いてみたら、日本がアメリカの半分くらいの大きさになったりして、えらく歪んだ世界地図ができるんじゃないでしょうか。

福島第一原発の事故にこりて、これからは原発はふやさない、だんだん減らして三〇年後にはゼロにする、ということになったと思っていたら、政権が代わったとたんに方針も変わって、国内ではもうふやさないが、休止中の国内の原発は安全性さえ確認できたら再稼働することになった。それどころか、これからは発展途上国に原発技術をどんどん輸出していこうというんだから、おどろきももの木さんしょの木です。

経済成長を維持するには何がなんでも原発は欠かせないなんて、なりふりかまわず言っている政治家や財界の人の顔って、そばで見たらすごく歪んでいるはずです。

おっと、それだけじゃない。その後、福島第一原発では、高濃度の汚染水がタンクから漏れ出すというたいへんな問題が起きています。が、それでも原発はもうやめようということにはならない。この問題はちゃんとコントロールしていると、首相が国際的な場で公言しているんですから、こっちはもうポカンとするしかありません。

その3

歪んでいると言えば、この国のテレビの画面もかなり歪んでいると思いませんか。テレビ好きのぼくは、たいていのことは大目に見ているのですが、どうしても黙っていられないものの一つは、テレビショッピングというけったいな〝番組〟の横行です。

民放テレビのデジタル地上波にもこのテの番組はありますが、これがBSになるととたんに多くなる。ある日の新聞のテレビ番組表を見たら、一日に延べ八時間くらいこれに当てている局もありました。中身は、健康関連のさまざまなサプリメントから美容や健康用の器具、あるいは羽毛入りの布団セットや調理器具など、中には一個何万円もするような装身具もあったりして、まさに多種多様の賑《にぎ》わいを見せています。

で、ツクリはどれも似たり寄ったりで、タレントやフリーのアナウンサーが現れて三〇分とか一時間の間、ひたすら紹介商品の自画自賛に終始する。中には、良心的なツクリの番組もなくはないのですが、問題は中身ではない。これって〝番組〟かという基本的な問題です。これってさ、全篇ＣＭじゃないんですかね。

日本民間放送連盟では、テレビにＣＭが入れられる時間は、一週間の総放送時間の一八％までとしているのですが、テレビショッピングはＣＭじゃない、生活情報番組だからかまわないということらしい。おいおい、これって生活情報番組なのかね。本気でそんなこと言っているのかね、とぼくは思わず叫んでしまいました。

世の中には「商品ジャーナリズム」という仕事の分野があります。「暮しの手帖《てちょう》」とか「通販生活」という雑誌のやっていることの一部が、それに当たるでしょう。ジャーナリズムの基本的な仕事は報道と批評ですが、商品ジャーナリズムというのは、暮らしの〝いま〟という視点から取り上げるに足る商品を選んで、それを紹介したり批評したりする、そのことで消費者の生活設計や商品選択を助けるのが基本の仕事です。が、特定の通信販売系の企業が、売りたい商品（利幅の大きい商品）を並べて大声で自画自賛するようなものを、生活情報と言えるでしょうか。

テレビ局が、商品ジャーナリズムの視点から責任を持って商品を選んでいるのならいいでしょう。いまのように商品がはんらんしている時代には、むしろそういうジャーナリズムがもっとあっていい。が、いまのテレビショッピングは、テレビ局は三〇分なり一時間なり、一定の時間を通信販売会社のようなところに売っているだけで、中身についてはノータッチなのです。

「商品をストレートに視聴者にアピールする通販番組は、対面販売に近い。利便性やメリットばかりを強調し、欠点やネガティブな客観情報は一切報じない。これはもうCM以上にCMですよ。公共の電波を使って、こうした番組を垂れ流すテレビ局の姿勢は、もうけ主義といわれても仕方ありません」

と、碓井《うすい》広義さん（上智大学教授）は言っていますが、こういうものが番組として白昼堂々と（夜もやってますが）流れているいまのテレビは、やっぱり歪んでいるとしか言いようがありません。

その4

正月の福袋ブームも、ふつうじゃない。このブームは、もうブームとは言えないくらいかなり前から続いている現象ですが、数年前、関西の正月の新聞に、こんな記事が載っていました。

「正月の百貨店で、いまいちばん売れているのは福袋である。今年の髙島屋は東京店を除き全店が二、三日の両日、初売りを行ったが、各店とも前年比五～七％プラスの売り上げ。四日が初売りの東京店も、福袋を目当てに開店前から五千人が並ぶ盛況ぶりで、用意した二万個の福袋は午前中で完売したという」

「京阪神の多くの百貨店は三日が初売り。大阪梅田の阪神百貨店では福袋などが目当ての約二千五百人が開店前から行列を作るなど、各店とも買い物客でにぎわった。行列組のなかには『ことしの運だめしを兼ね、百貨店をはしごして福袋を買い集めます』という主婦もいた」

とまあ、こんな調子で、福袋のブームについて書き立てていました。福袋そのものは昔から正月の百貨店に並んではいましたが、こんな〝人気商品〟になったのは、一〇年ほど前からのことじゃないでしょうか。

人はなぜ福袋を買うのか。答えは簡単で、「買うものがないから」です。「ほしいものが見つからないから」です。でも、「何かが買いたいから」なんですね。

ま、一万円の袋には、定価で数万円のものが入っている。だから、金額的には損はない。運がいいと一〇万円近いものが入っていることだってある。そういう意味では、宝くじのような運だめしで買う人もいるでしょう。

が、それ以上に、モノを買い続けるように〝教育〟されてしまったいまの消費者は、何かがほしいんですね。何かを買わないと、いらいらしてくるんですね。一種の買い物依存症。その何かが何であるかは自分ではわからない。が、もしかしたら、その何かが、この袋の中に入っているかも知れない。そんな思いが、みんなに福袋を買わせるいちばん大きな力になっているんじゃないでしょうか。

それにしても、百貨店の売り物が福袋しかなくなって、たくさんの人がアリのように福袋に群がっている図って、やっぱり何かが歪んでいると思いませんか。

その5

福袋もおかしいが、リニア中央新幹線なんてものを本気で作ろうというのも、ぼくにはとてもふつうの感覚とは思えません。東京と大阪を一時間で結んでどうするんでしょう。それだけ便利になるとか、ビジネスの効率がよくなるとか、それなりの利点はあるんでしょうが、そのぶん失われるものもたくさんあるということを、いったいどう考えているんでしょうか。

亡くなった淀川長治《よどがわながはる》さんは、たとえば東京から広島へ出張するとき、昔は広島で一泊できたのがよかった、と言っていました。宿をとって、夜の広島を散歩して、屋台で土地の人たちと世間話をしたりして……、そういう無駄な時間から得られる大切なものを、いまは失ってしまっている。

一八八三(明治一六)年、正岡子規《まさおかしき》さんが郷里の四国松山から東京に出たときは、なんと五日がかりでした。いまは羽田から松山まで、空を一時間半で飛ぶ。しようと思えば、簡単に日帰りだってできる。でも、一時間半で空を飛んでいるぼくらのほうが、子規さんよりもどんなトクをしているかといったら、むしろソンをしていることのほうが多いんじゃないかという気がします。

しばらく前、作家の石田千さんと対談する機会がありました。この人は、知る人ぞ知る、たいへんな踏切マニアです。踏切で「待つ」ことが好きだというんですから、この人は変わっているとふつうはだれもが思ってしまいます。せっかちのぼくなんかは、開かずの踏切で有名な代々木の踏切で待たされていると、人生に絶望して電車に飛び込んでしまおうかと思うことがあるくらいです。が、石田さんは違う。待っている間に、ゆっくりまわりを見まわしたりする。で、遮断機の下のアスファルトの割れ目から小さな花が顔をだしているのに気づいてホッとしたりする……。

人間的な速度の限界は、馬車に乗っているときの速度だと言った人がいます。それを超すと、まわりの風景はどんどん流れ始めて、目にとまらなくなってくる。見えるのは遠景だけで、身のまわりの小さな花なんかは、存在しないのも同じことになる。それはいいことでしょうか。

人生は、すいすいとはいきません。歩く道の先々には、次から次へと「踏切」があって、いやでもぼくらは待たされることになります。が、その「待つ」という行為の中に、とても大切なものがありはしないか。石田千さんと話していると、そんなことに気づかされるのです。


ま、こんな例をあげていったらキリがありません。ということは、いまぼくらが住んでいる世界そのものが、実は大きく歪んでいるということになります。つまり、いまの世の中という入れ物自体がいびつに歪んでいるということなんじゃないのか。いままであげてきた「マスク」も「原発」も「テレビショッピング」も「福袋」も「リニア新幹線」も、そのおかしさはみんな、いまの世の中という入れ物自体の歪みからきているんじゃないかと思うんですね。

その入れ物は、大量消費社会という入れ物です。大量生産・大量消費という巨大なシステムから、次々に吐き出されてくる膨大な種類と量の商品やサービスを、ぼくらは否応《いやおう》なく消費させられる社会に住んでいます。

はじめのころは、それがぼくらの生活を快適にしてくれるいい面がありましたが、いまやそんな物やサービスがあふれかえって、福袋くらいしか買うものが思いつかない世の中になってしまいました。それでも経済成長を持続するためには、大量生産・大量消費の歯車をとめるわけにはいかない。なぜって、国民の消費支出、つまりぼくらがモノやサービスを買うことがそのまま経済成長につながっているからです。が、この仕組みがいまや限界にきて、音を立ててこわれようとしている。それがいま世の中のいろいろなところで、さまざまな歪みになって現れているというわけですね。

ついでに言うと、十数年前からしきりに言われてきたグローバリズムというのは、その行き止まりをこわすために、地球上をぜんぶ一つの市場にしてしまおうということのようです。大量生産のはけ口を、途上国に求めていこうということですが、これもいずれは行きづまるのが目に見えています。つまりは、どうやっても限界ということで、そこまでいったときには地球上は、楽園どころか、地域文化も何も押しつぶされた一面の荒野になってしまうんじゃないでしょうか。

それともう一つ、ぼくらが住んでいるこの大量消費社会というのは、都市化社会と表裏一体というか、大量消費社会を一ヵ所に圧縮したのが都市化社会というものじゃないかと思います。

養老孟司《ようろうたけし》さんの言葉を借りれば、都市化というのは、まわりを高い壁で囲った人工的な空間をつくって、その中に合理主義に徹した社会システムをつくり出すやり方ですね。その囲いの中からは、自然はとことん追放される。草木を刈りとり、建物をコンクリートで塗り固め、土をアスファルトで覆って、動物や虫たちを住まいから追い出してしまう。で、その人工的な空間の中で、人間はエネルギーを湯水のように使ってさまざまな人工物を大量に生産し、大量に消費する日々を送っていく。その中で自然物と言えば人間くらいですが、その人間もなるべく自然物であることを隠すために、洋服を着たり靴をはいたりしているわけですね。その横にいる犬や猫も、もう自然の動物じゃない、人間のペットというか、人間家族の一員になっています。

こんな巨大な不自然空間の中で生活していたら、いろんな歪みが出てくるのは当然と言えば当然です。最初は便利さや快適さといったプラス面を感じていても、消費社会とつるんだマイナス面がどんどん現れてくる。公害なんていうのは、そのいちばん大きなものじゃないでしょうか。

もともと〝生活〟は最上限を求め、〝生存〟は最低限を求めます。誰だって、生活の豊かさは最上限まで望みたい。が、それを求めつづけると、あちこちで無理が起きてきて、守るべき生存の最低限が危うくなってくる。いまはまさに、生存の最低限がおびやかされている、それも臨界点のところまでおびやかされているときだと、言っていいように思います。

この都市化は、大都市に限りません。中小の都市も、いや日本中が都市化しつつあります。地域それぞれの個性や匂いなどは都市化という消臭剤でどんどん消されて、日本が一つの市場になってしまっていると言っていいでしょう。それでもまだ足りない、世界中を一つの都市、一つの市場にしてしまおうというのが、いまのグローバル化というものなんですね。

この危機をどう乗り越えればいいのか。いまは、みんながそれを考えているときです。

で、ぼくはぼくなりに、この六〇年間、〝広告〟という窓から世の中を見てきた視点から、この問題を考えてみようという気になりました。

と言っても、順序もなく、思いつくままの雑感です。

CHAPLIN / UNITED ARTISTS / THE KOBAL COLLECTION / Zeta Image

第一章　計画的廃品化のうらおもて

電球の寿命は一〇〇〇時間？

去年、NHKで見た海外ドキュメンタリーが、頭にこびりついて離れません。

『電球をめぐる陰謀』。

フランスとスペインが二〇一〇年に共同制作したこのテレビ番組は、こんなふうに始まります。


バルセロナに住むマルコス君のプリンターが故障しました。

メーカーの修理店にプリンターを持って行くと、二、三ヵ所たらいまわしにされるんですが、どこでもこんなふうに言われてしまいます。

「当店の技術者が診断しますが、一五ユーロと付加価値税がかかりますよ」

「予備の部品を探すのはむずかしいかもしれませんね」

「修理に出すだけの価値があるかどうか」

「修理代が一一〇から一二〇ユーロはかかりますけど」
「プリンターは安いものだったら三九ユーロからありますよ」
「修理代にそれだけ出すんだったら、新品のもっと速いやつが買えますよ」
「私としては新しいプリンターに買い替えるのをおすすめしますけど」

マルコス君だけじゃない、同じような体験は、ぼくらもちょくちょくしています。で、ぼくの場合はたいてい修理はその場であきらめ、新品に買い替えてしまうのですが、マルコス君はそうじゃない。自分でなんとかしようと、こわれたプリンターをかかえてわが家へ帰っていく。で、その背中に、こんなナレーションが入ってきます。
「三軒の店員がそろって新しいプリンターへの買い替えをすすめるのは、偶然ではありません。マルコス君が店員たちの言うとおりにすれば、彼もまた〝計画的廃品化〟の犠牲者になるところです。計画的廃品化——それは消費社会の中心にひそむ秘密のメカニズムです」

この「計画的廃品化」という言葉に、ぼくはびっくりしました。ずいぶん久しぶりに出会った言葉だったからです。あれは一九六〇年、アメリカのジャーナリストで評論家のヴァンス・パッカードさんが発表し、国際的な反響を呼んだ『浪費をつくり出す人々』（南博・石川弘義訳／ダイヤモンド社）の中に出てきた言葉であり、最も二〇世紀的なマーケティング手法のキーワードともなった言葉でした。

計画的廃品化（Planned Obsolescence）。計画的陳腐化とか計画的老朽化といった訳も当時はあって、南博さんと石川弘義さんの訳では「計画的廃物化」と訳されています。消費者にどんどん商品を買い替えさせるために、商品の使用期限を計画的に短くするか、あるいは商品の中身はそのままで、デザインなどを変えていままでの商品を古くさく感じさせてしまうといった手法です。大量生産・大量消費の巨大な歯車を止めずにまわし続けるために考え出された、あくどいマーケティングの手法の一つだと言っていいでしょう。

この本をぼくが読んだのは、博報堂に入った翌年でしたから一九六二年だったと思います。そのときは、ひどい話があるもんだとは思いながら、当時の日本の現実の中ではあまり実感が持てずにいたのですが、マルコス君の後ろ姿を見ているうちに、あらためてこの言葉がよみがえってきました。

マルコス君のエピソードで始まったこのドキュメンタリーは、ここから『電球をめぐる陰謀』の本題に入っていきます。

「一九二四年のクリスマスに、ジュネーブの秘密の場所に、数人の紳士が内密の計画について会合を開きました」

と、画面に現れたワイマール・バウハウス大学のクラジユースキー教授という人が語り始めます。

「その計画とは、世界中の電球の生産を支配し、市場の儲《もう》けを自分たちだけで分け合おうというものでした」

つまり、世界初の国際的なカルテルが、この会議で成立することになったんですね。その名は「ボイポス・カルテル」。そのとりきめを結んだ会合には、欧米の大手電球メーカーが顔をそろえ、遠くアジアやアフリカの植民地からも参加した業者がいたそうです。

で、そのカルテルでは、何が決められたのか。

なんと、電球の寿命を上限一〇〇〇時間に設定する、と決められたのです。

それまで、電球のメーカーはみんな、寿命の長い電球の開発に励んできました。トーマス・エジソンがつくった初の市販用電球の寿命は一五〇〇時間くらいだったそうですが、その後、電球のメーカーたちは激しい技術競争を通じて、最長で二五〇〇時間くらいまで寿命を延ばしてきたのです。

これを、一律一〇〇〇時間に設定する。で、きびしい調査制度をつくって、違反者には重い罰金を科すことにする。このドキュメンタリーには、違反したメーカーのリストと罰金の記録もちゃんと映されていました。

ナイロンのストッキングも、同じような目に遭いました。

一九四〇年に、化学業界の大手デュポン社が革命的な合成繊維の靴下を発表します。ナイロンと名づけたこの繊維でつくったストッキングは、大きな話題になりました。

なにしろこの繊維は、耐久性が並じゃない。だから、簡単には伝線もしないし破れたりもしない。このドキュメンタリーによると、発売当時、このストッキングを買おうとする女性たちが、全米のあちこちで長蛇の列をつくったそうです。喜んだのは女性だけじゃない、デュポン社の中には、ナイロンストッキングはクルマを引っ張っても切れないということを実証して見せて喜ぶという、おっちょこちょいな男性もいたそうです。

が、このストッキングの生産には、まもなくストップがかかりました。なかなか伝線もしないし破れもしないストッキングでは、買い替えの需要がなくなってしまう。それはまずいということで、メーカーのトップから破れやすくするようにという技術的な〝改良〟の指令が出たのです。

以後、破れないストッキングは市場から姿を消していくのですが、「いいもの」をつくれじゃなく、「よくないもの」をつくれと言われた技術者たちの心境はどんなものだったでしょうか。

ナイロンのストッキングが登場した一九四〇年には、一〇〇〇時間電球はすっかり業界の常識として定着していました。が、第二次大戦中の一九四二年、このカルテルの存在が暴露され、アメリカ政府はゼネラル・エレクトリック社などの数社を、価格操作や不公正取引、それに電球の寿命を操作したことで告発しました。この係争は一一年間つづき、その結果メーカーが電球の寿命を操作することは禁じられましたが、実際にはこの判決の効力はほとんどなく、その後も一〇〇〇時間電球の生産はつづき、カルテルもさまざまに名前を変えながら存続したようです。

と、エピソードをいろいろ交えながらこのドキュメンタリーはつづいていくのですが、その後のマルコス君は、故障の原因と修理の方策を求めてインターネットで情報を集め出す。そしてついに、ネット上でいいアドバイザーと出会い、故障したプリンターの内部に一定の枚数以上はプリントできないようにしている仕掛けを発見します。計画的廃品化は昔の話じゃない、いまもちゃんと生きていることの決定的証拠をついに発見、というわけですね。

それはヘンリー・フォードから始まった

パッカードさんの『浪費をつくり出す人々』がアメリカで出版された一九六〇年は、まさに日本の高度成長がはじまろうとする年でした。首相の池田勇人《はやと》さんが「所得倍増計画」を派手に打ち上げ、ぼくらは〝経済大国行き夢の超特急〟に争って乗りこんだ年でもあります。貧乏とはお別れだという思いが、なんとなくみんなの中にありました。

ぼく自身、その年は勤めていた小さな出版社がつぶれて、公共職業安定所（現在の愛称はハローワーク）に週一回通っては保険金をもらい、その半分をパチンコ代に費やしつつ食いつなぐという生活をしていたので、その時代の気分はよくおぼえています。

それだけに、翌年、友人の世話で博報堂に入れたときはほっとしました。給料も前に勤めていた出版社の倍近くなって、まさに所得倍増の気分です。それと、広告代理店の窓から見える世界と出版社の窓から見える世界とではこんなに違うのかと驚くくらい、いろんなものが違って見えてきました。

それまで読んでいたのは、もっぱら文学系のものだったのに、急にピーター・ドラッカーさんとかパッカードさんとかを読まないといけなくなる。そういうものを通して知ったのは、「大量消費社会」の構造とか、大量生産・大量消費のシステムといった怪物的な世界だったんですね。

で、にわか勉強をしていくうちに、広告を知らなかったぼくにも、その世界がだんだん見えてきました。

そこで知ったあれこれを受け売り的に紹介していくと、大量消費社会（大衆消費社会）というのは、二〇世紀が生んだきわめて特異な産物なんですね。その登場を派手に告げることになるファンファーレは、一九〇〇年にパリで開かれたパリ万博です。夏目漱石《そうせき》さんもイギリスへの留学の途中に立ち寄って驚いたというその広大な会場には、産業革命以降の技術文明が生み出した新奇な工業製品群がびっしり並んで、訪れた人たちの目を奪いました。

この博覧会に参加した国は四〇ヵ国以上、まだ旅客機などは飛んでいなかった時代に世界中から五〇〇〇万人以上の人が押し掛けたというからすごい。一九七〇年の大阪万博の入場者がそれまでの万博では最高の六〇〇〇万人ほどですから、第五回に当たるこのパリ万博がいかにエポックメイキングな万博であったかがわかろうというものです。

その会場に並んだ魅惑的な製品が発火点になって、地球レベルでの欲望のビッグバンが起きます。きのうまでは、貴族や富裕層でなければ持てなかったような製品の数々が、大量生産のおかげでちょっと背伸びをすれば自分のものになる。エッフェル塔の下にひろがる広大なパリ万博の会場は、そんな壮大な夢の展示場であったのです。

生産技術や交通技術、それに通信技術の革命的な進歩もあって、以後の世界は急ピッチで〝モノ〟のあふれる大衆消費社会に変貌《へんぼう》していきます。そんな大量生産時代の先頭に立ったのはアメリカであり、そのヒーローは、エジソンさんやフォードさんなど、発明家や技術者出身の起業家たちでした。

中でも、ヘンリー・フォードさんはその代表選手です。この人のことは、子どものころに読んだ「偉人伝シリーズ」で少し知っていましたが、一八六三年にミシガン州の農家に生まれたヘンリーさんは、小学生のころから機械いじりが大好きで、一六歳のある日、「学校へ行く」と家を出てそのままデトロイト行きの汽車に乗り、蒸気機関の工場に就職してしまう。

で、その後のヘンリーさんは、すべてを投げうってクルマの開発に専念し、一八九六年に自分の一号車を完成、さらに一九〇一年のデトロイトのレースに優勝して、その名を全米に知られるようになります。そして、一九〇三年、フォード自動車会社を設立し、それから五年後の一九〇八年には、ヘンリーさんのクルマづくりの理想の結晶と言っていいT型フォードを世に送り出したんですね。

これが爆発的なヒットを生む。発売してからなんと七年の間に、世界のクルマの販売台数の半分近くを占めるようになったというんですから、これはもう、文句なし史上最高の大ヒット商品だし、ヘンリー・フォードさんこそが大量生産システムの父だと言っていいでしょう。実際には、一八九〇年代にアメリカやイギリスで大量生産は始まっていますが、「製品の標準化」「部品の規格化」「製造工程の流れ作業化」といった本格的なシステムで大量生産に取り組んだのはヘンリーさんが第一号です。

もっとも、大量生産の父とは言えても、大量販売の父とは言えません。ヘンリーさんはとにかく、いいクルマがつくりたかった。大衆のためにいいクルマをつくれば、みんなが競って買うはずだと思っていた。それはヘンリーさんの技術者としての固い信念だったんですね。げんに、ヘンリーさんは、クルマのスタイルや色などにはまったく関心を持ちませんでした。クルマは運送手段としてすぐれていればそれでいいと考えていて、後年、息子のエドゼルさんが豪華なリンカーンをフォードの工場に運び込んで父親に見せようとしたのに、一徹者の父親はそれをちらっと見ただけでひとことも言わずに通り過ぎた、という伝説があるくらいです。

ヘンリー・フォードの敗北

が、独走をつづけていたフォード社も、GM（ゼネラルモーターズ）の追撃を受けて、一位の座が危うくなってきます。そんな動きに、ヘンリー・フォードさんは一九二七年、新しいA型フォードの発売を発表しました。一説によると、本人はしぶしぶだったようですが、でもやるからにはいいかげんなことではすまされない、ヘンリーさんはこれまでの一九年間に一五〇〇万台のT型を送り出してきた工場と製造機械をすべて廃棄処分にして、新しいクルマ作りを始めました。これがまた、たいへんな話題になる。なにしろ〝機械の偉人〟〝アメリカのヒーロー〟が新車を発表するというんですから、国中がわくわくしながらその登場を待ち望んだのは当然のことでしょう。

「今世紀の偉大な発明家の最新作が公開される画期的な日がやってきた」

と、当日の様子をF・L・アレンさんは『オンリー・イエスタデイ』（藤久ミネ訳／ちくま文庫）の中でこう書いています。

「フォード自動車会社は総額一三〇万ドルを投じて、二〇〇〇種の日刊紙に五日間続けて全ページ広告を出した。誰もが、これを読んだ。一九二七年の十二月二日、A型フォード車のおおいが除かれると、一〇〇万人もの人びと――『ヘラルド・トリビューン』紙の計算による――が、一目でもこの車を見ようとして、ニューヨークのフォード本社に入ろうとした。……合衆国のいたるところで、同様の現象が見られた。ナイヤガラブルーのロードスターや、アラビアンサンド色のフェートンには、何千という注文が殺到して、フォード会社の帳簿はいっぱいになった。数か月ものあいだ、街を走るフォードの新型車は、群衆の目を惹きつけた。この新型車の発表は、単なる一時的な商業的な興味にとどまらなかった。それは一九二七年度の大事件の一つだった」

日刊紙に五日間連続で出された全ページ広告というのもすごいですが、その第一日目の広告が、ヘンリー・フォードさんの写真と一五〇〇語からなる大スピーチで成り立っているところもすごい。史上、長文の広告はたくさんありますが、こんなに長いのにこんなに読まれた広告もめずらしいんじゃないでしょうか。ヘンリー・フォードさんの哲学がうかがえて面白いので、その広告の冒頭の部分だけでも、読んでみましょう。

THE NEW FORD CAR

An announcement of unusual importance to every automobile owner

"NINETEEN years ago we made and sold the first Model T Ford car. In announcing it to the public we said:

"'We will build a motor car for the great multitude. It will be large enough for the family, but small enough for the individual to run and care for. It will be constructed of the best materials, by the best men to be hired, after the simplest designs modern engineering can devise. But it will be so low in price that no man making a good salary will be unable to own one.'

"If I were starting in business today, or asked to restate my policy, I would not change one sentence or one word of that original announcement. In plain, simple language it gives the reason for the very existence of the Ford Motor Company and explains its growth.

"IN THE last nineteen years we have made 15,000,000 Ford cars and added to the world nearly 300,000,000 mobile horse-power. Yet I do not consider the machines which bear my name simply as machines. I take them as concrete evidence of the working out of a theory of business which I hope is something more than a theory of business—a theory that looks toward making this world a better place in which to live.

"The Model T Ford car was a pioneer. There was no conscious public need of motor cars when we first conceived it. There were few good roads and only the adventurous few could be induced to buy an automobile.

"The Ford car blazed the way for the motor industry and started the movement for good roads. It broke down the barriers of time and distance and helped to place education within the reach of all. It gave people more leisure. It helped people everywhere to do more and better work in less time and enjoy doing it. It did a great deal, I am sure, to promote the growth and progress of this country.

"We are still proud of the record of the Model T Ford car. If we were not, we would not have continued to manufacture it so long. But 1927 is not 1908. It is not 1915. It is not even 1926.

We have built a new car to meet modern conditions

"We realize that conditions in this country have so greatly changed in the last few years that further refinement in motor car construction is desirable. So we have built a new car. To put it simply—we have built a new and different Ford to meet new and different conditions.

"We believe the new Ford car, which will be officially announced on Friday of this week, is as great an improvement in motor car building as the Model T Ford was in 1908.

Smart new low lines and beautiful colors

"The new Ford is more than a car for the requirements of today. It goes farther than that. It anticipates the needs of 1928, of 1929, of 1930.

"The new Ford car is radically different from Model T. Yet the basic Ford principles of economy of production and quality of product have been retained. There is nothing quite like the new Ford anywhere in quality and price.

"The new Ford has exceptional beauty of line and color because beauty of line and color has come to be considered, and I think rightly, a necessity in a motor car today. Equally important is the mechanical beauty of the engine. Let us not forget this mechanical beauty when we consider the beauty of the new Ford.

by HENRY FORD

"The new Ford has unusual speed for a low-price car because present-day conditions require unusual speed.

"The world moves more quickly than it used to. There are only so many hours in the day and there is much to be done.

"Fifty and sixty miles an hour are desired today where thirty and forty would have satisfied in 1908. So we are giving you this new speed.

Quiet and smooth-running at all speeds

"The new Ford will ride comfortably at fifty and sixty miles an hour. It has actually done sixty-five miles an hour in road tests.

"Since modern conditions demand more speed, they also demand better brakes to balance this speed. So we are giving you four-wheel brakes in the new Ford.

"The new Ford will be quiet and smooth-running at all speeds and you will find it even easier to handle in traffic than the old Model T Ford.

"The new Ford has durability because durability is the very heart of motor car value. The Ford car has always been known as a car that will take you there and bring you back. The new Ford will not only do that, but it will do it in good style. You will be proud of the new Ford.

"THIS new Ford car has not been planned and made in a day. Our engineers began work on it several years ago and it has been in my mind much longer than that. We make automobiles quickly when we get in production. But we take a long time planning them. Nothing can hurry us in that. We spent twelve years in perfecting our former Model T Ford car before we offered it to the public. It is not conceivable that we should have put this new Ford car on the market until we were sure that it was mechanically correct in every detail.

"Every part of it has been tested and re-tested. There is no guessing as to whether it will be a successful model. It has to be. There is no way it can escape being so, for it represents the sum total of all we have learned about motor car building in the making of 15,000,000 automobiles.

The new Ford will sell at a low price

"The price of the new Ford is low in accordance with the established Ford policy. I hold that it is better to sell a large number of cars at a reasonably small margin of profit than to sell a few cars at a large margin of profit.

"We never forget that people who buy Ford cars are the people who helped to make this business big. It has always been our policy to share our profits with our customers. In one year our profits were so much larger than we expected that we voluntarily returned $50 to each purchaser of a car. We could never have done that if this business had been conducted for the sole benefit of stockholders rather than to render service to the public.

"No other automobile can duplicate the new Ford car at the Ford price because no other manufacturer does business the way we do.

"We make our own steel—we make our own glass—we mine our own coal—we make virtually every part used in the Ford car. But we do not charge a profit on any of these items or from these operations. We would not be playing fair with the public if we did so. Our only business is the automobile business. Our only profit is on the automobile we sell.

"WE ARE able to sell this new Ford car at a low price because we have found new ways to give you greater value without a great increase in our own costs.

"We did not set out to make a new car to sell at such-and-such a figure. We decided on the kind of car we wanted to make and then found ways to produce it at a low price.

"The new Ford car, as I have said, will be officially announced on Friday of this week. In appearance, in performance, in comfort, in safety, in all that goes to make a good car, it will bear out everything I have said here. We consider it our most important contribution thus far to the progress of the motor industry, to the prosperity of the country, and to the daily welfare of millions of people."

Henry Ford

FORD MOTOR COMPANY
Detroit, Michigan

一九年前、私たちがT型フォードを世に送り出したとき、私たちはみなさんにこう言いました。「私たちは大衆のためにクルマをつくります。それは、家族で乗っても十分な広さがあるし、一人で走るときに広すぎるということもない。最良の技術者、最良の材料、そして現代の技術で可能な限りシンプルなクルマです。それでいて、だれもが手に入れられるよう低価格を実現しました」

私が今日事業をはじめたとしても、あるいは、今日の私のポリシーを聞かれたとしても、この発言を一字一句たりとも変えるつもりはありません。平明で簡潔な言葉の中にフォード社の存在意義が語られ、その成長が裏づけられているのです。

この一九年間で、私たちは一五〇〇万台のクルマをつくりました。馬力に換算すると三億馬力です。しかし、私はこの機械を、私の名前を冠しただけのものとは考えていません。私はこの成功を、単なるビジネス論をこえた私の持論が、広く受け入れられたからだと考えています。ビジネスとは、私たちが住んでいるこの世界を、生きるに値する楽しい場所にしていくためにあるという持論です。

T型フォードはパイオニアでした。それが世に出たときには、人びとはそれがまだ必要だとは意識しませんでした。いい道路は少なかったし、クルマを買おうとするような人もいませんでした。

フォードのクルマは、自動車産業のための道をひらき、道路作りのための気運を作り出しました。時間と距離の壁を壊し、教育の普及にも貢献しました。人びとに多くの余暇をもたらしました。仕事の時間を節約し、仕事が楽しくできるような手助けをしました。それはこの国の成長と進歩をうながす大きな役割を果たしました。

私たちはいまも、T型フォードの記録を誇りに思っています。そうでなかったら、こんなに長い間、製造しつづけることはなかったでしょう。しかし、一九二七年は一九〇八年ではありません。一九一五年でも、一九二六年ですらないのです。

――これでまだスピーチは全体の三分の一にもなっていないのですが、このあとヘンリーさんはA型フォードにかけた熱い思いを語り、コストダウンのための工夫や努力について述べ、そして、「私たちはこれによって、自動車産業の進歩に寄与し、国家の繁栄に貢献し、そして何百万の人たちの幸福に奉仕していると考えています」と、この長いスピーチを終えています。で、次の二日目は新車についてのあらましが、三日目には新しいクルマの性能が、そして次の日には新しいクルマの写真と値段が公開されるといったぐあいに連載広告が展開されたのでした。

と、こんなふうに、A型フォードは大きな反響を呼びました。が、アメリカの英雄としてのヘンリー・フォードさんの個人的な人気は高くても、一九二一年にはアメリカの自動車市場の五五％を占めていたフォード社が、二七年には二五％に落ち、二位のGM（ゼネラルモーターズ）に一位の座を譲ることになる。そして、さらに一〇年後には三位のクライスラーにも抜かれてしまうことになります。

大量販売の道をひらく

ヘンリー・フォードさんに代わって、ヘンリーさんとはすべての面で対照的な人物が大量消費市場の舞台に登場してきます。ゼネラルモーターズの創設者で、財界人のウィリアム・デュランさんです。この人は、機械技術についてはまったくの素人で、ヘンリーさんが最も嫌っていたビジネスエリートであり、経営についてのベテランでした。

デュランさんは、われわれの仕事は技術者がつくりたいクルマをつくるのではなく、消費者が欲しいクルマをつくることだと、ヘンリーさんのやり方のまったく逆をいく経営戦略をとりました。消費者は、決して合理的ないきものではない、さまざまな欲望に動かされるいきものであって、その欲望を満たすためにはクルマもさまざまなスタイルやカラーが必要だと考えたんですね。組織の中に「美術と色彩部門」をおいて、そこに大幅の権限を与えたりしています。

必要のためのクルマから欲望のためのクルマへ。市場の成熟度を見定めたこの戦略が成功して、ゼネラルモーターズはフォード社を抜いてたちまちクルマのトップメーカーに成長します。大量生産の道をひらいたのがヘンリー・フォードさんなら、大量消費の門を開けたのはウィリアム・デュランさん、ということになるでしょうか。

このへんの話はアメリカの社会学者デイヴィッド・リースマンさんの『何のための豊かさ』（加藤秀俊訳／みすず書房）にくわしいのですが、それから三〇年ほどたった一九五〇年代半ばのゼネラルモーターズの姿を、リースマンさんはこう書いています。

「この企業におけるいちばん中心的な地位は、もはや、機械技術者でもなく、また、会計係でもなくなった。いちばん枢要な地位を占めるのはデザイナーなのである。自動車というものが、だんだんとつくるに易しく、売るにむずかしい商品となるにしたがって、その形や色彩といったものが、販売上の決定的な要因となってきた。その結果として、物としての自動車を、自動車の運命を左右するのは、技術者の仕事ではなく、自動車産業が〝スタイル部門〟と呼ぶ部門に移ってきたのである。この部門——ゼネラル・モーターースの場合だと、十二のスタジオと八百五十人の人員を擁する——は、ハーリー・アールのつくったものだ。アールはゼネラル・モーターースの副社長であり、そして、副社長という地位を得た工業デザイナーは、彼をもって初めとする。アールは『自動車は見かけで売れる』という原則を、ゼネラル・モーターースの政策として確立した人物だ。」

ついでに言うと、ゼネラルモーターズは、デザインと並んで、金融や宣伝広告も重視しました。月賦でクルマが買えるように引き受け会社を作る一方で、宣伝広告費をふんだんに使って、クルマの買い替えを強力にすすめる。ゼネラルモーターズの重役が広告業者の全国大会で、「広告の目的はできるだけ多くの人に、いま持っている物に不満を抱かせることだ」と講演したという話も残っています。

月賦販売システムの普及も、大量消費を促す有効な手段でした。

「一生に一度でいいから、こわれないうちに払いきって、ちゃんと自分のものにしてみたいよ！　これじゃいつも、ゴミ捨て場と競争してるようなもんだ！　払いが終わるころには、車はくたばる。冷蔵庫は狂ったようにベルトをすり減らす。ちゃんと時間をみはからってやがる。払いきったとたん、寿命がくるってしかけなんだ」（アーサー・ミラー『セールスマンの死』倉橋健訳／ハヤカワ演劇文庫）

アーサー・ミラーさんの『セールスマンの死』を、ぼくは、映画と舞台で二度観ました。主人公のセールスマン、ウイリー・ローマンをフレデリック・マーチさんが演じたアメリカ映画（一九五一年製作）と、滝沢修さんが演じた民藝の舞台（一九五四年）です。

ここに引用したせりふは、年老いて成績の上がらなくなったセールスマンのウイリーが、奥さんにクルマや冷蔵庫の修理代を請求され、思わず大声で怒鳴るシーンのせりふですが、映画や舞台で観たときは、ここにアメリカの計画的廃品化の歪みが映しとられているなんて、当時のぼくには思いもよらなかった。ドラマ全体に、アメリカ文明に対する鋭い批判の矢が射かけられていることは感じても、正直言ってまだ他人事でしかなかったというか、ぴんとこなかったんですね。

が、いまあらためてこの名作を読むと、これが決して他人事なんかじゃないことがわかってぞっとする。ミラーがこの戯曲を書いたのは一九四九年のことですが、アメリカでの計画的廃品化がこの時期にもう多くの商品におよんでいたことにも驚かされます。なにしろ、少し誇張はあるにしても、ローンを払いきる前に壊れてしまうような製品ばかりなんですから。

ちなみに、この戯曲を訳した倉橋健さんは、本の「あとがき」にとても深いことを書いています。

「ウイリー・ローマンはセールスマンである。だが、彼が持ち歩くサンプル・ケースの中味が何であるか、戯曲ではあきらかにされていない。これはなかなか意味深長であって、作者の意図するところは、ウイリーが売っているのは商品ではなく、自分自身であったということであろう。つまりウイリーは、自分自身をなしくずしに売り渡し、自滅の道を歩んだのである。この〈自分自身を売り渡す〉ということは、なにもセールスマンやサラリーマンにかぎらず、現代の社会で多くの人が現実におこなっている生き方である。」

ついでながら、アーサー・ミラーさんが一九四九年に書いたこの『セールスマンの死』と、一九八三年にデヴィッド・マメットさんが書いた『グレンギャリー・グレン・ロス』という戯曲を比較して、経済学者の浜矩子《のりこ》さんが面白いことを言っていたのを思い出しました。

この二作は、どちらもピューリッツァー賞をとった戯曲であり、どちらもアメリカのセールスマンの悲劇を描いている名作なんですが、両者の間には大きな違いがある、と浜さんは言うんです。

「前者のセールスマンは非常にまともで律儀で一生懸命なのですが、後者は本当に欲丸出しで、ナンバーワンになるためには人をだましてもいいという感じです。言葉づかいもずいぶん変わってしまった。50年代のアメリカ人は、まだそれなりにきれいな英語をしゃべっていましたが、80年代はもう全然似ても似つかぬ下卑《げび》た言葉になってしまっています。

こうした社会的な変化を背景としつつ、あの法外な所得格差の拡大が進んできたという面がありそうに思います」（『成熟ニッポン、もう経済成長はいらない』橘木《たちばなき》俊詔《としあき》・浜矩子／朝日新書）

念のために後者のせりふの例を、のちに映画化された『摩天楼を夢みて』から拾ってみると、こんなぐあいです。

「会社が金を使って集めたネタだ。それで物件が動かせないお前らはクズだ！　クズに用はない、とっとと出てけ！　ネタが弱い？　バカぬかすな。弱いのはお前らだ！」

こんな調子でセールスマンの間の会話は延々とつづくのですが、社会の歪みはそこで生きる人たちの言葉にも現れるということでしょう。

大量生産社会の食欲

話は戻りますが、大衆にとって夢のような製品が登場したとき、人びとは競ってそれを買いました。アメリカでは一九二〇年代〜一九三〇年代ですが、日本では一九五〇年〜一九六〇年代のはじめが、そんな時代でした。
「おとうちゃん、ビール！　急いでおうちへお帰り下さい、かわいい坊やとやさしい奥様、ナショナル冷蔵庫には冷たいビールが待っています」（一九五六年）
「一生に一度のお買い物です。十二分にご吟味下さい。ナショナル・テレビ」（一九五五年）
「奥さまの声をたえず設計にとり入れています。サンヨー電気洗濯機」（一九五五年）
当時のぼくは、こうした広告を横目でにらんでいるだけでしたが、博報堂に入って少しふところ具合がよくなってからは、まずテレビを、それから冷蔵庫を、ちょっと遅れて洗濯機を買いました。当時〝三種の神器〟と言われたこの三つの商品のうち、テレビは屋根にアンテナを立てる必要があったために、買ったかまだ買っていないかが近所の人たちにすぐわかる。で、はじめのうちは、まだテレビを買っていないのにアンテナだけ立てることで買ったふりをするという人もいました。テレビが「一生に一度のお買い物」とは、いまから見ると大笑いですが、当時としてはとてもリアリティのある言葉でした。
そのころの日本の市場は、乾いたスポンジのようなものです。そこへ水道の蛇口から商品という名の水がぽたぽた落ちてくる。当然、それはあっという間にスポンジに吸い込まれてしまいます。需要が完全に供給を上回っていたわけです。が、メーカーの設備投資が進んで、水道の蛇口からどんどん水が流れてくるようになると、それをせっせと吸い込んで、スポンジはやがてびしょびしょになってしまう。で、あっという間に供給過剰の状態になってしまった。

日本がそうなったのは一九七〇年代のはじめごろですが、アメリカの場合はすでに一九五〇年代にそんな状態になっていたんですね。

「大量生産という名の巨人は、その恐ろしい食欲が十分に持続して満足されるときにのみ、最高の強さを保つことができる。大量生産の工場から流れ出る産物は、流れ出るスピードと同じスピードで消費されるべきであり、倉庫に積み重ねられるべきではない。このことが絶対に必要なのである」

と、当時、ウォール街の投資会社の経営者が言った言葉が『浪費をつくり出す人々』には載っています。大量生産はそれによって製品の値段が下がるからいいことなんだと、ぼくが中学生のころに聞かされていたのは間違いではなかったけれど、それには一日にあんぱんを一〇〇個くらい平らげる食欲が必要だったということでしょう。

一九五〇年代のアメリカにもう一度戻ると、飽和状態になった市場の中でさらに売り上げをあげるには、どうすればいいか。それには、別の商品を売ることにするか、同じ商品を二つ以上買わせるようにするか、前に売った商品を改良した（あるいは改良したように見える）商品を作るか、その三つくらいしか方法はない、とパッカードさんは『浪費をつくり出す人々』の中で言っています。

で、そんな中から現れた市場の動きを、大略こんなふうに言っているんですね。

防臭剤のメーカーは、男性用と女性用の二種類の製品を売り出した。

女性の水着メーカーは、女性の衣装ダンスの中に、たくさんの水着をつめこませることに成功した。

水着の四大メーカーの一つであるカタリナ社は、午前中、午後、さらに夕方と、三着の水着を勧め始めた。

眼鏡のメーカーたちも、新しいドレスを作るごとにそれにマッチする眼鏡を持つように勧めている。

家庭用品のメーカーたちは、どんな家庭でも二台の掃除機と二台の乾燥機を持つべきだと宣言している。

鉛管製造業者協会は、家庭の中に家族の一人一人が個人用のトイレを持つようにしたいと言っている。

建築業者たちは、一家族が二軒の家と別荘が必要だと言っている。

二つの家を持つ家族には二台以上の自動車が必要であり、一台の自動車しか持たない農民は土地に縛りつけられた農奴と同じだと言った者もいる。

——いまのぼくらから見れば、とっくに常識になってしまっているような例もありますが、当時としてはあっという方策ばかりだったんでしょう。とにかくそこで必要とされたのは、多くのアメリカ人を「貪欲でむだ使いをする衝動的な消費者にしてしまう戦略」です。で、その戦略を成功させるには、そんな浪費性を誘発するような製品を次々に提供することが必要になってきます。

そんな中から、パッケージ商品や使い捨ての用品などが、次々に生まれてくるようになりました。パッケージに詰められた商品は、本体を量り売りで買うよりも数倍は高い。それがわかっていても人びとは便利さでパッケージに手をのばす。あるいは肉が使い捨てのフライパンに載せて売り出されたり、サラダを使い捨てのプラスチックボウルに入れて食卓に載せる、といったぐあいです。食器から始まったこの使い捨ての習慣は、またたくまに多くの領域に広がっていきました。「モノを大切にする」とか「むだを省く」といった昔からの美徳もまた、使い捨ての容器たちと一緒にぽいぽい捨てられていくようになったのです。

が、大量消費を実現するための決め手となった手法は、なんといっても、商品の「計画的廃品化」です。パッカードさんは、この計画的廃品化を「投げ捨て精神のエッセンス」だと言い、さらに、ひとくちに廃品化といっても、製品が廃品にされるには次の三つのケースがあると言っています（同書は「廃物化」と表記していますが、ここでは「廃品化」で統一させてもらいます）。

(1)機能の廃品化　よりよい機能を持った新しい製品が導入されて、現在の製品が流行遅れになる場合。
(2)品質の廃品化　比較的短い時期に、ある時点で製品が壊れるか、あるいは消耗してしまうように計画される場合。
(3)欲望の廃品化　品質や機能の点でまだ健全な製品が、スタイルその他の変化のために、心理的にそれ以上望まれないものとして「古くなる」場合。

　この中の(1)の場合、つまりその製品のもっとすぐれたものが現れた場合は、前の製品は廃品化されて当然でしょう。例としてパッカードさんは、ジェット旅客機の出現でプロペラの旅客機が廃れることや、二一インチのテレビが一二インチのテレビを圧倒する例をあげています。あるいは、ステレオがモノーラルを廃品化するのもその一つで、悪いことというよりこれはいいことと言っていいかも知れません。

　ぼく自身の体験から言っても、ステレオの出現は、レコード好きにとって歓迎すべき革命でした。しかし、その再生装置が年々高級化し、複雑な機能がどんどんプラスされていくことで、アンプのツマミがやたらにふえていく。結局は、生涯さわることもないようなツマミを見てため息をつくという、そんなばかばかしいことにもなりかねません。高級化が必ずしもいいことだとは言えないわけで、これは階段を一つ上がった計画的廃品化だとも言えそうです。

ま、それは一応おくとして、いちばん問題なのは、(2)の品質の廃品化です。電球が一〇〇〇時間で切れるようにあらかじめ設定するというのが、その端的な例です。が、これはかなり極端な例で、業界が足並みをそろえて品質の廃品化に取り組むなんてことは、なかなかできることではありません。

が、個々のメーカーが、自分の社の製品の寿命をあらかじめ設定しておく。つまり、製品の使用期限を決めておいて、そのときが来たら動かなくなってしまうというやり方は、実際にいろいろあったし、いまもあるようです。たとえば、ある有名なポータブルラジオのメーカーの幹部クラスの技師が、「(うちの)製品は三年以上はもたないように設計してある」と公言しているケースを、パッカードさんは紹介しています。

が、その技師は、それを決して悪いことだとは思っていない。それどころか、彼は二つの理由をあげて、会社の設計哲学をこう弁護しているんですね。

「一つはもしポータブル・ラジオが一〇年間もつものとしたら、販売が一定量の持続的生産をこなしきれないうちに、市場は飽和してしまうだろう……。第二に、もし長い寿命が製品の特徴になるとすれば、使用者は加速度的な進歩の恩恵にあずかることができなくなるだろう。」

つまり、ラジオが早めに壊れなかったら製品が市場にあふれかえってしまうし、技術的な改良ができてもそれを加えられないまま、消費者はいつまでも古い製品を使わせられることになってしまう、というわけです。

この話が載った業界誌「デザイン・ニューズ」は、大きな反響を呼んだようです。賛成論、反対論、入り乱れて議論が弾んだらしい。賛成論の代表的なものは、どんな製品にも、いちばん弱い部分がある。その部分の寿命に合わせて製品の死亡日を設定すればいいんじゃないか、という考え方です。

「飛行機の設計では、もっとも使用期間の少ないと思われる部分あるいは構造が、他のすべての部分の見込使用期間をきめる基準として使われることは不可欠である。これは〝計画的廃物化〟と呼んでもよいし、あるいは同じような率直さで〝能率的設計〟と呼んでもよい。つまりどの部分にしても、そのなかでいちばん弱い部分よりも、耐久力が大きいようにしておくことはむだということなのだ。そうして、理想からいうと、一つの製品というものは、こわれるときに全部一度にこわれるようにすべきなのである。」(フェアチャイルド社の幹部)

「設計された寿命の目標がなければ、製品の大部分は、他の部分よりも生き永らえることになり、けっきょく不必要なコストを付け加えることになる。実際の設計された寿命の目標を決めることは、たしかに会社のトップ・マネジメントが解決しなければならない政策の問題である。それは言うまでもなく、一つの製品ごとに違うものであり、国民経済その他の条件が変動するにつれて、再検討と変更を要するのである。私の経験では、一つの製品について三〇年の寿命よりも、一〇年あるいは一五年の寿命を目標に設計するほうがずっと合うのだ。」(ワールプール社の重役技師)

一方、技術者の側からの反対論の主なものは、こんな調子です。

「われわれの職業を代表するスポークスマンたちが、こんな哲学をのべるとすれば、それはわれわれの技術というものにたいする公衆の尊敬を、不信の念で打ち消してしまうことになる（……）われわれは、われわれ自身を専門的な技量をもつ詐欺師の仲間にしてしまうことになるだろう。」

「アメリカが、『技師たちを破壊者に』変えていくように思われると嘆いている。『それは、市場を観測させるために、自分の創造力を殺す破壊者だ。これはたしかに技師たちの創造する能力を破壊に導くにちがいない。』」

「われわれ設計者のなかで、この計画的な寿命の短縮の〝原理〟を、かなりの費用がいる住居、自動車、ピアノ、その他の自分が使う耐久消費材に適用しようとするものがあるとはあまり考えられない。そうだとしたら、なぜ〝自分以外のだれ〟が他人にこの原理を適用することを支持するのか。」

本命は欲望の廃品化

製品の寿命を設計する品質の廃品化は、大きな議論を巻き起こしましたが、表面的には消えていきます。と言っても、なくなったわけではない。陰の手法として、一部の業界や製品の世界に潜行していったようです。

と同時に、こんどはもっと〝安全な〟方法として(3)の欲望の計画的廃品化が、クローズアップされるようになっていきました。その先頭を切ったのが、クルマです。

「自動車産業は、女性ファッションのスタイルを真似れば、売上げが増加できはしないかという考え方に飛びついた最初の大きな産業であった。」

と、パッカードさんは言っていますが、前にも言ったように一九二〇年代の終わりにGM（ゼネラルモーターズ）は「競争は値段よりスタイルだ」と主張して、自動車業界の覇権をヘンリー・フォードから奪い取りました。それでも、まだ一九二〇年代～一九三〇年代にかけては、クルマにいくつかの大きな技術的改良があったのですが、一九五〇年代になると、ほとんどそれもなくなってしまう。その結果、GM、フォード、クライスラーというビッグ3の競争のポイントは、もっぱらクルマのスタイリングによる差異化に集中していくことになりました。あ、言い忘れましたが、フォードも二代目のエドゼル・フォードの時代からスタイル競争のレースに参加しています。

ところで、当時の「インダストリアル・デザイン」誌で、あるデザイナーがこう言っています。

「デザインとは（……）変化によって貢献をすることなのである。なんらの貢献もしないとき、あるいはできないときに、変化の錯覚を与えるための唯一の仕方は、〝スタイリング〟である。アメリカのように、社会全体が変化というものに取り憑《つ》かれているところでは、現実が不可能ならば、錯覚を顧客に提供しなければならない。」

また、色彩研究所の著名なマーケティング研究者は、ズバリ、こんなふうに言い切っています。

「大部分のデザインの変化は、製品を美的に、あるいは機能的に改善するためにされるのではなくて、それを廃物化するためにされるのである」

といっても、この人は「品質の廃品化は反社会的だが、欲望の廃品化は許される」という意味のことも言っているんですね。

こうして、アメリカの自動車産業は、年々、新しいモデルのクルマをつくるようになっていきます。そこでは、製品の品質や機能の新しさはほとんど問われない。問われるのはデザインの新しさだけになっていったのです。

パッカードさんは、そんな自動車メーカーの計画的廃品化の手口を、こうきびしく批判しています。

「メーカーは、自動車の所有者たちにたいして、二年以上使った車は古物であると思わせるようにしむけ、『新しい』ということばが合いことばになった。一九五七年の新型車が発売されたとき、クライスラーは『この二〇年間でもっとも新しい新車』だといって発表した。また、ナッシュは『世界最新の車』を出したし、ポンティアックは、『馬力からパーソナリティーまで完全な新車』を発売した。『アドバタイジング・エージ』誌の論説は、ビュイックを新型のなかでいちばんモデル・チェンジの少ない車でありながら、そのビュイックが、広告のなかで二〇回も『新しい』ということばを使ったと指摘している。『一九五七年に七〇万台の自動車を売る必要があるからといって、このような徹底的なナンセンスが許されるということは考えられない。アメリカの繁栄がこんなふざけたお伽話のようなことで築き上げられるものだとしたら、いったいその繁栄とは、どの程度現実的で、確実なものなのだろうか？』」

たしかにこれは、的を得た（ママ）質問のようである。このような質問を放った広告業界の信念に成功あれ！」

「アドバタイジング・エイジ」誌と言えば、アメリカの代表的な広告業界誌ですが、パッカードさんがエールを送った通り、クルマの広告に対するこの批判は、なかなか痛烈です。業界誌もＰＲ誌も、言うべきときにはこのくらいきついことを言ってもいいとぼくも思うのですが、残念ながら日本では、自分も含めてこんなことは言わない、というか、言えない。辞表を書いてからでなければとても言えません。とくに広告の場合は、そんなことを言ったらその広告をつくった会社や制作に当たった人たちがひどい被害をうけたりしますからね。情けないというか、かなしいことです。

「すぐれた批評のないところに、すぐれた作品は育たない」と言った人がいます。文芸批評の小林秀雄さんや音楽批評の吉田秀和さん、映画批評の淀川長治さんの仕事を持ち出すまでもなく、それはあまりにもわかりきったことでしょう。

評論家の江藤文夫さんは、「批評とはつくりかえの提案だ」と言っていました。表現者の仕事に「面白い」とか「つまらない」といった印象を言うだけじゃ批評にならない。その印象を手がかりに、逆に作品の制作プロセスをたどっていき、この部分がたとえばこう変わったら作者の意図がもっと鮮明になったのではないか、といったような提案性を持たなければ批評にはならない、という意味だったように思います。

商品や広告にそういう批評がないことが、企業にとってどれだけ大きな損失になっているか。後年、ぼくが「広告批評」という雑誌を始めたり、「CM天気図」というコラムを新聞に書くようになったのも、実はそんな思いからでした。

フォルクスワーゲンの衝撃

一九六一年に博報堂に入ったときのぼくの仕事は、PR部でPR誌を編集する仕事でした。そこでは、いろいろな企業のPR誌の企画や制作をしていたのですが、ぼくがやることになったのは、どこかの企業のPR誌ではなく、「広告」というタイトルの博報堂自身のPR誌の編集でした。一〇年くらい前から続いているまじめなPR誌だったんですが、そのときのぼくは、広告についてはズブの素人でなんにも知らない。で、しばらくの間は、広告関係の本を読んだり、会社の図書室でアメリカの雑誌に載っている広告とか、時代別に集められた傑作広告集とかを見ていました。

特に、アメリカの広告は、よく見ました。理屈なんかいくら知ったって広告はわからない、むずかしい本を読んで勉強するより実際の広告をいっぱい見ろ、それも広告の本場アメリカの広告をたくさん見ることだと、「広告」というPR誌の前任者に言われたからです。

面白い広告にもときどき出会いましたが、大半はつまらなかった。特に圧倒的に多いクルマの広告が圧倒的につまらなかったという記憶があります。

カラフルで、豪華で、目立つといえば目立つんですが、どれも似たり寄ったりでみんな同じように見える。場面は豪華な邸宅の前か、きれいな浜辺。登場人物はと言えば、上流階級の気取った男女か、ちょっと背伸びをすればおしゃれなクルマに手が届きそうな中間層の夫婦や若いカップル。で、中央に置かれたクルマのまわりで、いろんな階層と年代の人たちが〝クルマのある生活〟のシアワセ劇をにこやかに演じているといった調子の広告です。

パッカードさんが言っているように、広告のコピーは〝NEW〟のハンランなのですが、

〝ＮＥＷ〟なのはクルマのデザインだけで、性能や品質のほうはとくに変わっているようには見えないものが多い。ただ、時代別に見ると、クルマのカタチや出てくる人物の髪型やおしゃれのセンスなんかはどんどん変わっていくんですね。つまり、クルマの品質や性能ではなく、デザインやファッションのセンスの新しさを、クルマのメーカーたちは競い合っていたということはなんとなくわかりました。

ま、見ていれば退屈はしないんですが、「面白い！」と、思わず小ひざをたたくようなものはない。それより、日本の広告史の本に載っているような福助とかグリコとか仁丹とか、そんな広告の人間くささのほうに興味をひかれました。パッカードさんやリースマンさんの言っているような時代背景が、その当時はまだはっきりつかめていなかったせいがあると思います。

そんなことで、なんとか「広告」というＰＲ誌の仕事をするようになったある日のことです。

「フォルクスワーゲン（ＶＷ）の広告はすごいよ」

と、ぼくに教えてくれたのは、西尾忠久さんでした。西尾さんは日本のコピーライター

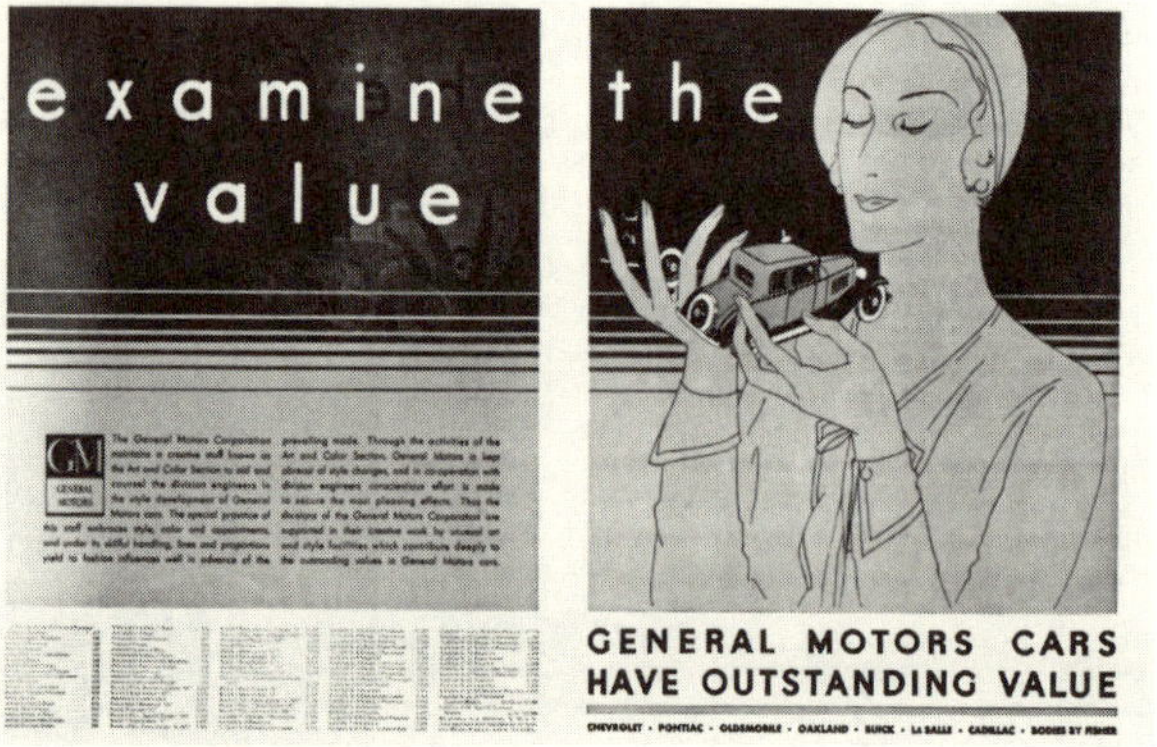

(上)（下）1930年代の広告より

（上）1940 年代、（下）1950 年代の広告より

（上）1950 年代、（下）1960 年代の広告より

の草分け的な世代の一人で、とくにアメリカの広告事情やフォルクスワーゲンの広告にたいへん精通した人でした。

たぶん一九六〇年代の半ばごろだったと思います。西尾さんに見せてもらったVWの広告の数々は、たしかに衝撃的でした。大型化とデラックス化を競い合うことに明け暮れている当時のアメリカのクルマ業界とその広告に対する、するどい批評性が光っている。と同時に、それをときにユーモラスに、ときに説得的に表現するアイデアのすばらしさに、ほとほと感心したものです。

広告をつくったのはDDB（ドイル・デーン・バーンバック）というアメリカでは中規模の広告代理店です。が、規模は小さくても、ウィリアム・バーンバックさんという天才的なクリエイターのもと、有能な広告の制作者をたくさんそろえたユニークな代理店で、VWのほかにも、レンタカーのエイビスやモービル石油や百貨店のオーバックなどで、すぐれた広告を数多く手がけています。

そんな中でも、一九六〇年代にアメリカで展開されたフォルクスワーゲンの広告キャンペーンは、各国のクリエイターから世界の広告史上最良のキャンペーンとして選出されたくらい、本当にすばらしいものでした。

その理由をひとことで言ってしまえば、アメリカ社会のクルマ作りやクルマ選びの歪んだあり方に、強烈なカウンターパンチを浴びせたところにあるんじゃないか、とぼくは思っています。ヘンリー・フォードさんの思想を、現代風の洒脱《しゃだつ》な表現力で焼き直してみせた広告と言っていいかもしれません。


ここでは、これ以上くわしくお話しするつもりはありませんし、そのすごさについては『広告論講義』（岩波書店）という本にくわしく書きましたのでそちらを見てほしいのですが、ＶＷの数多いすぐれた広告の中から、とりあえずぼくの好きなものを三点だけご紹介しておきます（後の二点のコピーの訳は西尾忠久さんによる）。

左の広告はとくにぼくの好きなものですが、クルマのメカの部分と外装の部分を分けて横に並べ、「こちらは変えました。こっちは変えていません」と言っているんですね。メカは変えずにスタイルだけいじって〝ＮＥＷ〟を連発しているアメリカ車への痛烈な皮肉がきいていると思いませんか。

This we change.
This we don't.

この方は三三年後にかぶと虫を手に入れました

一台目のＶＷを買うのに三三年も待つ人がめったにいないことは私たちにとって幸いなことです。が、Ａ・ギリスさんは待ったのです。ギリスさんの場合、三三年間、新車の必要がなかったのです。

ギリスさんと29年式Ａ型フォードはお互いにうまくやってこられました。ギリスさんは修理を自分でなさり、夜中にタイヤを直すためにジャッキを持ち出すこともありました。

去年、新車が必要になったとき、ギリスさんは出かけていってＶＷを買いました。

「長持ちすると聞いたので」

彼は七八歳の保安官。せっかちな判断はしません。

「お宅の検査員はよく検査をしますね」

ギリスさんが言ったのはこれだけです。けれどもギリスさんは、奥さんと五四回目の結婚記念日に旅行をしたとつけくわえました。お二人は一万キロ走り、ガソリン代六二ドルとオイル代五五セントを払ったそうです。

「オイル焼けするかもしれない」とは思わなかったそうです。

E19·194
U34·059
33 years later, he got the bug.
We're glad that most people don't wait 33 years to buy their first Volkswagen.
But Albert Gillis did, and maybe he had the right idea all along.
He didn't buy a new car for 33 years because he didn't happen to need one.
He and his 1929 Model A Ford did just fine by each other.
He always did his own repairs and even jacked it up at night to save the tires.
When he needed a new car last year, he went out and bought a Volkswagen.
"I heard they hold up," he explained.
Does he like the VW?
Mr. Gillis is 78, a Justice of the Peace, and not given to hasty decisions.
"Your inspectors sure do a good job of inspecting," was as far as he would go.
But he did mention that he and Mrs. Gillis took a trip for their 54th anniversary.
They drove 6,750 miles and spent $62 on gas and 55¢ on oil.
"I didn't think they were supposed to burn oil," he said.

どちらに票をいれますか?

子どもにキスし、愛敬《あいきょう》を振りまく選挙候補者……そう、選挙パレードほど見ていて面白いものはありません。

上の候補者をご覧ください。彼は国民の税金を有効に使うと公約しています。しかし、その選挙費用の使いぶりはどうでしょう。クルマはしゃれたコンバーチブル。本物の革張りシートがまばゆいばかりのクルマです。エンジンは四二五馬力。そして値段はコンバーチブルの中でも最高のお値段。

では、彼の対立候補はどうでしょう。彼も国民の税金を有効に使うと公約しています。では、彼の選挙費用の使いぶりはどうでしょう。クルマはフォルクスワーゲンのコンバーチブル。手動式の幌《ほろ》が泣かせます。このクルマには四回までの無料診断サービスのほかに二四ヵ月または三万八六〇〇キロの保証がついています。おまけに値段はコンバーチブルの中でも最低。

どうやら今年はなかなか珍しい、得難い政治家が発見できそうですね。選挙前から公約を守るという政治家を。

Which man would you vote for?
Ah yes, what could be more dazzling than watching the candidates parade about, kissing babies and flashing winning smiles.
Consider the man in the top picture.
He promises to spend your tax dollars wisely.
But see how he spends his campaign dollars.
On a very fancy convertible.
Resplendent with genuine leather seats. A big 425-horsepower engine.
And a price tag that makes it one of the most expensive convertibles you can buy.
Now consider his opponent.
He promises to spend your tax dollars wisely.
But see how he spends his campaign dollars.
On a Volkswagen Convertible.
Resplendent with a hand-fitted top.
A warranty and four free diagnostic check-ups that cover you for 24 months or 24,000 miles.*
And a price tag that makes it one of the least expensive convertibles you can buy.
So maybe this year you'll find a politician who'll do what few politicians ever do:
Keep his promises before he's elected.

《I WANT YOU FOR U.S.ARMY》アメリカ合衆国を擬人化した「アンクル・サム」が第1次世界大戦当時に全米の若者たちに呼びかけた陸軍の新兵募集広告

第二章　差異化のいきつく果てに

アメリカ・アメリカ・アメリカ！

ぼくが小学五年生のときに、太平洋戦争が終わりました。

東京は焼け野原。千住《せんじゅ》のわが家も瓦礫《がれき》になり、幸い焼け残った近くの親戚の家に厄介になることになりました。

その家の近くの道を、進駐軍のジープがよく通りました。

友だち数人と一緒にジープを追いかけて、乗っているアメリカ兵に「ギブミー・チョコレート！」と大声で叫ぶと、チョコレートやチューインガムを投げてくれました。運よくいけばの話ですが。

いちど、チョコレートがたくさん入った四角い箱をジープからアメリカ兵が投げてくれたのが友だちのおでこに当たって、おでこから血が流れ出たことがありました。それでもその子は、血をたらたら流しながら、チョコレートの箱をしっかりかかえてニコニコ笑っていました。

以来、ぼくらの日々はアメリカ文化に囲まれることになりました。

進駐軍の援助物資でときどき配給される食パンは、ぬかで作る代用パンと違って、まぶしいくらい真っ白でした。

小学校に進駐軍がやってきて、頭からシューシューかけてくれた殺虫剤のＤＤＴも真っ白で、おかげでシャツやパンツに、さらに家の布団にたかっていたノミやシラミにまで、壊滅的な打撃を与えてくれました。

進駐軍の放出物資とかで、シャツや上着をもらいましたが、どれもダブダブで、それがすごくかっこいいと上を向いて歩きました。

交通整理をしているアメリカ兵は「ＭＰ」という腕章をつけていて、「あれはミリタリーポリスのことだ」と中学へ行っている兄が教えてくれました。「ギブミー・チョコレート」と「サンキュウ」と「ジープ」の次におぼえた英語です。

中学生になってからは、アメリカ映画のとりこになりました。「キューリー夫人」とか「心の旅路」とか「哀愁」とか「オーケストラの少女」とか。見るだけじゃおさまらずに、のちにジャズの評論家になった同級生の岩浪洋三《いわなみ》君と一緒に、ハリウッドの映画スターに英語のファンレターを出したりしました。そうしたら、ぼくのほうだけサイン入りのブロマイドが届いて狂喜乱舞しました。忘れもしません、グロリア・デ・ヘブンさんというかわいい青春スターです。

チック・ヤングさんの「ブロンディ」という週刊誌の連載マンガにも夢中になりました。アメリカの平均的な家族の日常を描いたマンガで、ブロンディという明るい美人の奥さんとお人好しのダグウッドという亭主、それに一男一女の子どもと愛犬が一匹、という明るい一家の生活ぶりがとてもまぶしかった（なんでもまぶしかったんですが）。

とくに、その家には電気冷蔵庫や洗濯機や掃除機や芝刈機などがそろっていて、夜中になると亭主のダグウッドがごそごそキッチンに起きてきて、あれこれ冷蔵庫の中のものを取り出して大きなサンドイッチを作る。その〝ぜいたく〟な光景によだれをたらしたものです。

音楽もジャズがどっと入ってきました。これも岩浪君が案内役で、ダイナ・ショアさんの「ボタンとリボン」とか、ローズマリー・クルーニーさんの「カモナ・マイハウス」とか、ビング・クロスビーさんの「ホワイト・クリスマス」とか。ルイ・アームストロングさんやベニー・グッドマンさんにもしびれました。

——というわけで、一〇〇％純粋培養の軍国少年だったぼくは、一九四五年八月一五日を境にアメリカ文化にどっぷり漬けのイカレポンチに変身しました。ま、その後に日本に上陸したケンタッキーフライドチキンやマクドナルドのハンバーガーとはあまり昵懇《じっこん》にはなりませんでしたが、いまも東京ディズニーランドをたまにのぞいたり、映画館にはコカ・コーラとポップコーンをかかえて入ったり、それも払いはアメリカン・エキスプレスでお願いするといったぐあいに、アメリカ色に染まった日々を送ることになります。

ぼくだけじゃない。まわりも同じようなものでした。それも時の流れだと言ってしまえばそれまでですが、それにしても、こんなにあっさり、しかもとことんアメリカ化した国も珍しいんじゃないか。われながらそう感心するくらいの変貌ぶりでした。

そのアメリカは、大量生産・大量消費に裏付けられた〝豊かな社会〟を、世界でもいち早く実現した国です。第二次世界大戦後まもなくの一九五〇年代には、アメリカは国民総生産（ＧＮＰ）が世界中のＧＮＰの四〇％を占めるという超経済大国になっていました。

日本がアメリカ化したというのは、アメリカ兵からチョコレートやチューインガムをもらい、ジャズやアメリカ映画に夢中になったというだけじゃない。その奥にあるもの、大量生産と大量消費に裏付けられたアメリカ式の〝豊かな社会〟になる、ということです。つまり、アメリカ型の経済大国をめざしていく、ということだったのです。

一九七〇年代に、工業化を急ぐイランの首相が何かのインタビューに答えて、「われわれが求めているのは西側のテクノロジーだけであり、そのイデオロギーではない」と言ったそうですが、その二つは金貨のうらおもてみたいなもんだから、イデオロギーはいらんと言ったって、どだい無理な注文なんですね。

ところで、日本がアメリカ化していった道筋を、わかりやすく、いきいきと、それぞれの時代の空気も含めて記録しているのは、なんといっても広告です。明治・大正期のすぐれたジャーナリスト宮武外骨《みやたけがいこつ》さんは、明治初期の世の中の動きを記録した『文明開化』という本を出していますが、その本は当時の裁判記録と新聞の三面記事と雑誌の記事と広告の四つを集めて作られていて、なんと彼自身は一行も文章を書いていない。つまり、世の中の動きを下手に記録した文章を書いたり、解説や分析を加えたりするよりも、裁判記事と新聞・雑誌の記事と広告を見れば世の中がいきいきと見えてくる、というわけですね。とくに広告は、その時々の大衆の欲望の記録であり、世の中の空気や気分の記録であると、彼は考えていたようです。

それにならって、戦後のぼくらの生活がどうアメリカ化していったか、戦後日本の大衆の欲望史がどう展開していったかを見るには、広告というものがいちばんいい覗《のぞ》き窓になるんじゃないでしょうか。

そんな動きがまず広告に現れてくるのは、やはり一九五〇年代になってからです。

たとえば、これ。ナショナル（現パナソニック）の一九五三年の正月広告です。

「生活を豊かに楽しくする家庭電化！」

というキャッチフレーズで、新しい生活の具体的なカタチを、朝・昼・夜の三場面に分けて書いています。

「朝　ラジオの爽やかな音楽をききながら、トースター・パーコレーター・ミキサーを使っての暖かい朝食。食事を終えて美しくアイロン掛けされたワイシャツやズボンを身につける爽快さ……電化された明るい家庭の一日が始りました。」

「昼　台所では、小型ラジオに耳をかたむけながら電気レンジで昼食の用意、その間に電気洗濯機が自動的に素晴らしいスピードで美しくお洗濯をしてくれるなど、奥さまの忙しい日課が能率よく運びます。」

「夜　夕食後、蛍光灯の清新な照明のもと、一家そろって電気ストーブも暖かい一室でテレビや電蓄を楽しむころ、寝室では電気コタツがほんのりと暖かく御家族のお寝みを待っています。」

　この時期、電気釜はまだなかったし、テレビも生産され始めたばかりで、とても手の届くような物ではありませんでした。電気洗濯機、電気冷蔵庫、テレビが「三種の神器」と呼ばれて流行語になるのは、この広告が出てから二年後のことです。

　そういう意味では、この広告は戦後の日本人のための「豊かな生活の設計図見本」みたいなものでした。こんなライフスタイルが、もうすぐあなたのものになりますよという、これはシアワセの予告編みたいなものだったと言えるでしょう。

人生は広告を模倣する？

ぼくが博報堂に入ったのは、この広告が出た年より少しあと一九六一年のことですが、どうしてぼくのような広告の素人が中途採用で博報堂のような大きな会社に入れたのか。その理由はあとですぐにわかりました。そのころはまさに広告業界の急成長期で、いくらでも人手が必要な時期だったのですね。それだけに、前にいた出版社とは違ってすごい活気がありました。人もどんどんふえていく。社員の数は、たしか二〇〇〇人に近かったんじゃないでしょうか。

活気があるのは当然と言えば当然で、その前年の一九六〇年に日本の経済成長率は一三%とすごい伸びをみせ、高度成長期に突入している。年間の総広告費も一七四〇億円と前の年より一二%伸びているんですね。さらに前年には、時の池田首相が「所得倍増計画」なんてものを発表して、国民の所得を一〇年間で倍にすると約束。それに浮かれたのかどうか、遊びに出かける人が海に山にあふれて、「レジャーブーム」という言葉が、流行語になりました。
当時のぼくの実感から言えば、豊かさとはほど遠い生活で、〝レジャー〟なんて言葉が空転しているだけといった感じでしたが、それだけに、一九六一年のはじめに出たトリスウイスキーの広告にしびれました。

「人間」らしく
やりたいナ

トリスを飲んで
「人間」らしく
やりたいナ

「人間」なんだからナ

のちにこの広告は、寿屋（現サントリー）の宣伝部にいた開高健《かいこうたけし》さんが書いたものだと知りましたが、モノやカネの豊かさだけにふりまわされているような当時の世の中への怒りのようなものを、ぼくは感じました。とりわけその思いは、人間という言葉にあえて「 」をつけて三度も繰り返したところに感じられましたし、最後に一行、「『人間』なんだからナ」と、念を押すように強調したところにも現れているように思いました。

思えばこの時期から、ぼくらは「経済大国行き夢の超特急が出るぞ！」という政府の声につられて、われ先にその超特急に乗り込んでいきます。でも、それは人間的な豊かさを探す旅というよりは、物質的な豊かさを求める旅だったんです

その一九六〇年代も後半になると、三種の神器から三C（カー・クーラー・カラーテレビ）にスター商品は移行していきました。広告も、新聞や雑誌の活字メディアに、民放のテレビやラジオという電波メディアが加わることで、年間の広告費は年々うなぎ上りにふえていく。経済大国をめざす高度成長時代の真っ盛りです。

ちなみに、一九六〇年代の一〇年間に、マスメディアを使って行われた広告費を合計す

ると、約三兆六〇〇〇億円。これだけのお金を使い、さまざまな商品を通して、広告は〝豊かな生活〟のイメージを送り出していったことになります。

一つ一つの広告に出てくる商品は、クルマであったり、クーラーであったり、ステレオ装置であったり、いろいろですが、そうした多くの広告が勝手につながり合い、勝手に膨らませ合って、一つのライフスタイルをイメージさせていくようになるんですね。

いまにして思えば、個々の商品をつなげて一つの生活イメージに仕上げていくベースになったのは、アメリカ漫画の「ブロンディ」やアメリカ映画に出てくるさまざまな家庭生活のシーンだったような気がします。「アメリカン・ライフ」というジグソー・パズルの盤に、クルマとかクーラーといったさまざまなピースをはめこんでいく、そういう感じだったと言えばいいんでしょうか。

そんなことを考えているうちに、広告たちが〝共謀〟してどんなライフスタイルを描いているか、それを新聞広告や雑誌広告で具体的に調べてみようと思いついたことがあります。物好きと言うか、ひまだった……はずはないんですが。

で、さっそく図書室の新聞や雑誌からコピーして集めた三〇〇点あまりの広告の中からいくつかを選び、ライフステージ順に並べてみたら、こんなふうになりました。

まず、お母さんのおなかの中に宿ったとたん、人は広告の洗礼を受ける――

「生まれる前から育児は始まる！」（雪印／ネオミルクママ）

で、おぎゃーと生まれると――

「頭のいい子に育てよう」（森永／ドライミルクG）

すくすく育って――

「三歳児になるとオモチャでは満足しなくなります」（伊勢丹／教育玩具）

「飾る場所はもうきまりましたか。平安雛と桃の花と」（伊勢丹）

「おしゃれも〝いちにんまえ〟になる七五三。カルダンを着せてあげませんか」（髙島屋）

「ことしのあなたはどんなサンタになりますか」（銀座松屋）

いまどきは子どもだっていそがしい――

「4歳＝音楽を始める時です」（ヤマハ音楽教室）

「ド・レ・ミはイ・ロ・ハと同じです」（ヤマハ）

と言ってるうちに、もう学生生活の始まりです——

「タカシマヤの学習机です。お父さんやお母さんの時代のものとは、ずいぶん変わりました」（髙島屋）

「小学校に入学されたら、もう個室化をご計画ください」（松下電工）

「テッド・ミニの男の子、ダニエル・プチの女の子、入学式ではじめて会った」（西武百貨店）

ぼちぼち大人の仲間入り——

「中学生になったらキップも一人前、伊勢丹も一人前と考えます」（伊勢丹）

「昔、ガリ勉、いま、録勉」（東芝／テープレコーダー）

「選ぶのも楽しい華やかな中振り袖、晴れやかな卒業式にピッタリです」（三越）

あっという間に恋の季節——

「入社第一日目の9時、カルダンとジュネス、先輩の視線に見事合格」（髙島屋）

「太陽に愛されよう」（資生堂）

「サニーがある、そこにドラマが生まれる」（日産／サニー）
「30センチまで近づいたら《エチケットゾーン》です」（ライオン／エチケットライオン）
「プレイ・ナウ　ペイ・レイター」（丸井）
「〝見せる〟水着のせいぞろい」（丸井）
「愛のスカイライン＝遠い旅にでかけよう」（日産／スカイライン）
独身生活さようなら――
「新婚旅行、いっそハワイにしませんか」（日本航空）
「ウィークエンドにハワイへ飛ぼう」（ジャルパック）
「お早よう――マギーです」（ネッスル日本／マギースープ）
「今夜はあったかいシチューです」（ハウス食品）
「ワタシニモ　ウツセマス」（富士フイルム／フジカシングル8）
「〝カラーが先かクーラーが先か…〟決心がつきかねていらっしゃる方へのアドバイス。
銀行ローンをご利用になれば1台分のご予算で〝両手に花〟も可能です」（ナショナル＋
銀行ローン）

男はつらいよ――

「55万人がサイフを捨てた」（日本クレジット・ビューロー）

「《音速出張》丸の内↑一〇〇分↓御堂筋」（日本航空）

「残業目、テレビ目、マージャン目…疲れは目に出ます」（三共／ビオタミンゴールド）

「仕事で差をつけるには、朝のシャワー」（東京ガス）

「テイジンが贈る涼しい夏」（テイジン／ホンコンシャツ）

そろそろマイホームも建てなくっちゃ――

「一戸建て？　マンション？」（三菱銀行住宅ローン）

「1部屋2あかり3コンセントとご記憶ください」（松下電工）

「走る豪華な応接間」（日産／セドリック）

「白いクラウンは男らしさのきわ立つハイライフセダンです」（トヨタ）

やがて人生にもたそがれが――

「明治が遠くなっても、敬老の気持にへだたりはありません」（西武百貨店）

「おつとめも、あとわずかですわネ」（東洋信託銀行）

「気前のよいお爺ちゃんでいられる安田の貸付信託をお始めください」（安田信託銀行）

「彼岸花の咲く日に金婚旅行」（東洋信託銀行）

そしてとうとう――

「緑にかこまれた公園墓地」（鎌倉霊園）

ざっとこんな具合ですが、ゆりかごから墓場まで、一九六〇年代の広告ラッシュの中から浮かび上がってくるライフスタイルは、まさに当時の流行語となった〝マイホーム主義〟的ライフスタイルと言っていいものでした。

ちなみに、こういう人生マーチの順にテレビＣＭを一〇〇本くらい集めて一つにつなぎ、それを一気に映写してみたら「広告のすすめる人生」が見えてきて、かなり面白いんじゃないかと思っているのですが、実現はかなりむずかしそうです。

テレビは広告を解体する

市場の主役は、五〇年代の「三種の神器」から六〇年代の「三C」を経て、七〇年代になると無形商品に移っていきます。無形商品、形のない商品、主に情報型の商品ですね。旅行とか、本とか、映画とか、音楽とか……、クルマや電化製品と違って、旅行は何回しても、家の中で別に場所をとるわけじゃないからリピートがきく。物事の〝物〟じゃない〝事〟のほうなので、これをコト商品と言ってもいいでしょう。

ということは、もう人びとの家にモノはほぼそろってしまったというか、せまい家ならあふれている時代になってきた。で、生活を便利にしてくれるモノより、生活を楽しくしてくれるコトに、消費の重点が移ってきたということになります。

ちなみに、この時代のヒット商品をあげておくと、「ディスカバー・ジャパン」（国鉄）、「ボウリング」ブーム、「パンダのぬいぐるみ」、「ルームランナー」、「オセロゲーム」、「ガン保険」、「使い捨てライター」、「AEカメラ」、「ウォークマン」（ソニー）、「インベーダーゲーム」などなどです。この中では、やはり国鉄の「ディスカバー・ジャパン」が、若者の国内旅行ブームを作り出したという点で、とくに時代を代表する商品と言っていいでしょう。

この時代は、若者文化が台頭した時代でもあります。また、マスメディアの主力が、新聞からテレビに移っていった時期でもある。一九五三年に放送を始めたテレビが、あれよあれよという間に普及台数をふやし、一九六七年には二〇〇〇万台を突破、一九七〇年代の終わりには普及率がほぼ一〇〇%に達しています。と同時に、媒体別の広告費でも、それまでずっと一位だった新聞を抜いて、七五年にはテレビが王座についています。

いまさら言うのもナンですが、このテレビというメディアが、日本人の考え方や感覚を大きく変えました。テレビというメディアが世の中をどう変えるかを、一九六〇年代のはじめに〝予言〟したのはマーシャル・マクルーハンさんですが、その後の世の中を見ているとその予測はほとんど当たっている。当時、哲学者の鶴見俊輔《つるみしゅんすけ》さんが、「マルクスは一〇〇年もつが、マクルーハンは五〇年もつ」と言いましたが、まさにその通りの結果になっていきました。

マクルーハンさんの説をくわしく話していると日が暮れますので、当時ぼくがびっくりしたところだけをぼく流に解釈して言うと、ざっと次のようになります。

まず、マクルーハンさんは「メディアはメッセージである」と言うんですね。知ってる人はまたかと思い、知らない人はナンノコッチャと感じるでしょうが、ま、聞いてください。

テレビの影響と言うと、とかく番組の内容が問題になります。「権力に対する批判がなまぬるい」とか、「子どもたちが低俗番組のマネをして困る」とか、「どのチャンネルを回しても同じようなお笑い芸人たちの同じようなバラエティ番組ばっかりだ」といったような番組の質についての批判がほとんどです。

が、マクルーハンさんに言わせると、テレビが人びとに影響を与えるのは、そんな番組の内容（メッセージ）ではなくて、テレビというメディアそのものの特性なんですね。つまり、メッセージではなくてメディアが問題であるというか、あるいはメディアそのものがメッセージなんだというわけです。

テレビ以前には、文字の出現と印刷術の発明が、人びとの考え方や感じ方に革命的と言っていい大きな影響を与えました。とくに印刷というメディアの出現は、人間の感覚を分析的・断片的にし、社会のあり方を高度に専門分化させ、個人主義や産業主義や国家主義を生み出す役割を果たした、とマクルーハンさんは言っています。

世界の輪郭をはっきりさせてきたそんな印刷メディアに対して、テレビというメディアは「既存の世界の輪郭を不鮮明にする、『近視』のメディアである。」という。テレビを見すぎると近視になるというわけじゃありません。印刷メディアのように、世界を客観的・分析的に見ようとする見方や考え方をテレビは育てない。それどころか、そういう姿勢を壊していくメディアであって、テレビが人びとに影響を与えるのは、そういうメディアそのものの特性だというわけです。

一般的に活字メディアというのは、分析され整理された情報がタイトに詰まっているものですが、どっこい、テレビというのは、本質的にルーズなメディアなんですね。で、明確な情報も少ないし、そのぶん見る人に参加を促す性質がある。活字メディアには一本の活字の列をたどって、「たった一つの正解」を求めようとする本能がありますが、テレビにはそういうものはない。「答えは求めようとする人の数だけある」と言うか、「たった一つの正解なんかない」というのがテレビの本性なのです。

マクルーハンさんは、そういう特性を持った活字メディアを「ホットなメディア」（熱いメディア）と呼び、その反対の特性を持ったテレビメディアを「クールなメディア」（冷たいメディア）と名づけているんですが、ホットなメディアにどっぷり浸かっている人はホットな人になりやすいし、クールなメディアの洗礼を受けて育った人はクールな人になりやすい。活字文化で育った活字人間とテレビ文化の中で大きくなったテレビ人間との本質的な違いは、どんな本を読んだかとどんなテレビ番組を見たかの違いではなく、どんなメディアの中で考え方や感じ方を身につけたかの違いだというわけですね。

ところで、テレビがルーズなメディアだというのは、映画のように自己完結した虚構的な空間を作っていないということです。原則的に日常の空間に向かって開かれているというか、日常と地続きになっている。だから、余分なものがテレビにはどんどん流れこんでくるということでもあります。

災害のニュースなどで、テレビのリポーターが「付近の住民は口々に怒りと不安の声をもらしています」なんて言っているときに、そのうしろで〝付近の住民〟の子どもたちがニコニコしながらVサインを出しているようなシーンが、その象徴的な例ですね。あそこには、「たった一つの正解」をしゃべる活字メディア人間と、「正解なんかない」と言っているテレビ人間が、仲良く同居していると言っていいでしょう。

この映像はまた、「テレビでは虚構とか権威とか幻想といった活字文化の産物は成り立たない」ということを物語ってもいます。たとえば――

アポロ11号から送られてきたテレビの映像は、一面の荒れ果てた月面の姿で、月に抱いていたさまざまな幻想や夢を、身もふたもなくぶちこわした。

「皇室アルバム」というテレビ番組にちょくちょく出てこられた天皇陛下は、雲の上の人なんかではなく、自分たちと変わらない人間であることがよくわかった。

一分のスキもないオーケストラの演奏よりも、そこに至るまでのリハーサルの風景のほうが、テレビではずっと面白いと感じる。

――といったような具合ですね。ドラマのNG集がすごく受けたりするのも、同じことではないでしょうか。つまり、オモテよりウラのほうが参加性が高いぶん面白い。参加するスキのまったくないものを見ると、逆にシラケてしまうんですね。

こういったテレビメディアの洗礼を受けてクールになった人たちにとっては、巧みなレトリックで製品を美化したり、強引なセールストークで製品を押しつけてくるようなテレビCMは、ほとんど関心を持てないものになってしまう。あるいは、こっけいなものにしか見えなくなってしまいます。もっともらしい言葉で、まことしやかに自画自賛するような広告を、テレビというメディアは解体していったと言っていいでしょう。

「なんである、アイデアル。また言っちゃった！」と植木等さんが頭をかいて言うアイデアル洋傘のCM（六七年）も、「みじかびのきゃぷりきとればすぎちょびれすぎかきすらのはっぱふみふみ」と大橋巨泉さんが万年筆を持ってしゃべったパイロット万年筆のCM（六九年）も、どちらもクールな若者たちに届くクールな表現で、テレビ初期の大ヒットCMになりました。

それは化粧品から始まった

ところで、商品の計画的廃品化なしに、経済成長は維持できない。アメリカの後追いをしてきた日本でも、それは同じことでした。

アメリカの場合と同じように、それは品質や機能の廃品化から始まります。

たとえば、「吸塵力《きゅうじんりょく》が三倍アップ！」なんていう掃除機の広告が現れる。いままでの掃除機より三倍も吸塵力がアップしたとなれば、だれだってその掃除機に買い替えたいと思うに違いない。いま使っている掃除機がまだがんばっていてもです。

あるいは、「雑誌が七冊持ちあがる！」なんていう掃除機の広告もありました。分厚い古雑誌を七冊しばって、それに掃除機を当てて持ち上げている写真がついています。と、別のメーカーから数ヵ月後に、同じような雑誌を九冊持ち上げている広告が出ました。うちのは九冊持ち上がる、というわけですね。

ま、こういう場合は、それだけ製品の性能がよくなっていくのですから、必ずしも悪い話じゃない。掃除機に限らず、技術革新から次々に生み出される〝よりいいもの〟に、ぼくらは特に疑問も持たずにせっせと買い替えてきたのです。

が、日本はメーカーの技術力は平均的に高いですから、最初のうちはメーカーによってはっきりあった機能の差異がどんどんなくなっていく。同じくらいの値段の製品だったら、

A社のものでもB社のものでも、ほとんど機能の差がなくなっていくんですね。

こうなると、品質や機能の差異で計画的廃品化を進めていくことができなくなってしまう。で、七〇年代の中ごろから八〇年代にかけてさかんになったのが、パッカードさんのいう「欲望の計画的廃品化」であり、同業他社との市場競争のために広告がせっせと取り組んできたのが「センスの差異化」でした。

その代表的な業種は、ファッション業界、とりわけ化粧品の世界ではないかと思います。戦後いち早く化粧品業界は立ち直りを見せますが、いまでも鮮明におぼえているのは、満員電車の中で見たピアス化粧品の中吊《なかづ》り広告です。この広告は、よほど多くの人に強烈な印象を残したようで、鶴見俊輔さんも「私の愛読した広告」というエッセイの中で、こう書いています。

「戦後、満員電車で事務所にかよっていると、顔をうえにむけていないと息ができず、しぜんにうえをむいて、電車内の広告を見ている姿勢になった。そうしていると、しぜんにすきな広告が、いくつかできた。

《パリーの巡査がいいました。小生も、いささか、ぼうっとした。ピアス・カラー化粧》

これなどは、何度読んだか知れない。エッフェル塔が向こうにかすんでおり、その下を眼のさめるような明るい美少女がゆきすぎ、道ばたに眼をむいて巡査がたおれている。その構図が愉快だった。何の皮肉でもない。まったく邪気のないナンセンスだ。満員電車の中での最高のよみものであっただけでなく、これこそ、戦後最高のよみものだったような気がする。三百回よみかえしたか、四百回よみかえしたか、よみかえしの方の量においては、二度よんだ『戦争と平和』、五度よんだ『カラマゾフの兄弟』にまして、私の愛読書といえる。」

この広告が出たのは五〇年代の後半ですが、この時期、正確には一九五九年が、日本の化粧品業界にとって大きな変革の年になったと言われています。アメリカ流のマーケティング手法とともに日本に上陸したマックスファクターが、髙島屋や旭化成などをまきこみ、マスコミ広告を派手に使ったキャンペーンを始めたのです。

その成功に刺激されて、資生堂も六一年に「キャンディトーン」、六二年には東洋レーヨンとタイアップした大型キャンペーン「シャーベットトーン」を展開し、華やかな化粧品広告ブームの口火を切りました。

シャーベットトーンの広告コピーはこうです。

お化粧とモードをむすぶ世界の流行—シャーベット・トーン

シャーベットのあの感触、あの色です。モダンで、おしゃれで、クール。それなのにムードがただよう……。

ことしは、春から夏にかけて世界中が、このトーンにぬりかえられそうです。それも、モードと、お化粧がバラバラでなく、ぴったりとイキを合わせた本格的なおしゃれが設計されています。メイクアップのお化粧品から帽子、服、くつ下までシャーベットトーン。

ながい間、日本の女性に、それぞれの時代に、それぞれの時代のトップの「粧い」をお送りしてきた資生堂と、トップの「装い」をプレゼントしてきた東洋レーヨンが握手をして、ステキな品をお届けしようとしています。

どちらも、すばらしい出来ばえです。世界のファッション・シャーベットトーンをぜひご期待ください。

このキャンペーン発表会の当日は、多くのデパートがシャーベットトーン一色に盛り上がり、資生堂のチェインストアの店頭はお客で人垣ができて、交通整理に警官が出動する騒ぎだったようです。キャンペーン開始後の模様を、当時の「サンデー毎日」は、こう伝えています。

「デパートでは西武と髙島屋が全面協力、そのほか伊勢丹では『フローラル・ピンク』を『シャーベット・ピンク』に変更したし、『白い幻想』を売り物にした三越、『ハイウェー・カラー』を打ち出した松屋も、途中でシャーベットを取り入れた。自動車や自転車メーカーなど、ゾクゾク便乗組も出現（……）戦後最大の大ホーマーとなった」

以後、資生堂は、六四年までは春一回、六五年は春と夏の二回、六六年からは春・夏・秋の三回、そして七一年以降は春夏秋冬の四回と、一瞬も立ち止まることなくキャンペーンを展開していきます。初期のものでは、六六年に展開された前田美波里《びばり》さんの「太陽に愛されよう」が爆発的なヒットとなり、夏の海岸はもとより、街の中にもまっ黒に肌を焼いた女性がハンランするという流行現象まで生み出しました。

資生堂だけではありません。六一年からはコーセー化粧品が、六六年からはカネボウ化粧品も資生堂に対抗するキャンペーンを始めます。それに、五九年からつづいているマックスファクターもがんばっていて、化粧品業界はまさに百花繚乱《りょうらん》といった賑わいを見せるようになる。そしてそれは、化粧品業界だけでなく、幅広く日本のファッション全体に影響を与えていくことになりました。

欲望の廃品化からセンスの差異化へ

美しさやカッコよさのイメージを次々にぬりかえていく。それはきのうまでみんなが最新のファッションと思っていたものを、古くさいものに感じさせてしまう計画的廃品化戦略です。年々手を替え品を替えて化粧品の広告に登場してくるキャンペーンガールたちは、そのキャラクターから化粧法から髪型から服装に至るまで、美の最新ニュースを運んでくる華やかな配達人でした。

女性のファッションだけではありません。おしゃれにはうといぼくのような男でも、ネクタイの幅がやたらに太くなったり急に細くなったりする流行にけっこうふりまわされたものです。新しさのイメージをたえず作り替えていくこのやり方は、ファッションの分野だけでなく、食品や飲料の商品開発やネーミングにも、あるいはクルマや家具や家電などのデザインにも急ピッチで伝染していきました。

七〇年代〜八〇年代にかけての二〇年間は、そんな欲望の計画的廃品化がピークに達したときと言っていいでしょう。が、欲望の廃品化の成否は、そのやり方によって違いが出てきます。化粧品を例にとれば、資生堂とカネボウのどちらのやり方がうまいかによって、どちらの商品が多く売れるかの差が出てくる。その場合のやり方の違いは、実は広告表現の〝センス〟の違いと言ってもいいでしょう。メーカーとしては商品の品質や性能の差と言いたいところですが、消費者にしてみればそこに大きな違いはない。とすれば、あとはキャンペーンのセンスの違いが大きくものを言うことになります。

たとえば、七六年の秋のテーマは、資生堂が真行寺君枝《しんぎょうじきみえ》さんを起用した「ゆれる、まなざし」、カネボウはエバ・ウェストコットさんの「黒い瞳《ひとみ》はお好き?」でした。キャンペーンソングは前者が小椋佳《おぐらけい》さん、後者がグラシェラ・スサーナさん。商品はどちらも同じようなアイメーキャップ商品で、消費者にしてみれば、「さあ、あなたはどっちがお好きですか」と選択を迫られていることになります。これ自体は欲望の廃品化ではなく、欲望の廃品化の上に立った〝センスの差異化〟と言ったほうが適切でしょう。

ちなみに、七〇年代の資生堂のキャンペーンに参加していたコピーライターの小野田隆雄さんは、キャンペーンのタイトルづくりの苦労を、こう語っています。

「七一年の秋は、新しく発売になるふたつのメーキャップ化粧品ブランドがテーマだった。『NEW・FACE』というタイトルにした。七二年春は、発色の印象が異なるふたつの口紅がテーマだった。『talk&silence』とした。このような言葉を作りながら、いつも、ひとつの想念が胸にあった。

もしかすると、このようにして作りあげる和製英語は、日本の女性たちの心の表面を、すーっと通り過ぎていくだけではないのか。化粧品の情報としては、受け止めてくれるだろう。しかし、そこに留まっていては、資生堂の情報よりも、外国メーカーの情報に、女性たちの気持は動いてしまうだろう。マーケットをリードしているのは、外国メーカーなのである。マイナーはメジャーの真似をしても勝てない。独自の工夫が求められるのではないか。英語に頼って形だけで言葉を作るのではなく、メーキャップの美しさを日本の言葉で表現したいと私は考えるようになった。」（『職業、コピーライター』／バジリコ）

そんな考えから「ほほ　ほんのり染めて」「『影も形も明るくなりましたね、』目。」（七二年）、「春なのにコスモスみたい」（七三年）、「ゆれる、まなざし」（七六年）といった、資生堂らしいセンスのキャンペーン・テーマが生まれていきます。

「七四年から七六年までのキャンペーンを振り返ってみる時、時代をもっとも色濃く反映したのが、七六年の秋であったと思う。一九七六年は、七四年に一兆円を突破した我が国の総広告費の内訳において、テレビの占める役割が新聞を抜いて第一位になった年である。広告業界の表舞台に、テレビが躍り出したのである。それにともない、テレビCMの中で音楽の占める割合が高まり、その存在が重視される時代になっていく。そのような潮流の真ん中に、資生堂のキャンペーンは位置していた。」と、同書の中で小野田隆雄さんは回想しています。

資生堂と言えば、ぼくらの世代は、多くの人が山名文夫さんの美しいイラストレーションを思い出します。ペンで描いた独特の唐草模様や美人の顔。そこには、資生堂のモットーでもある〝リッチ〟を体現するような独自な美の世界がありました。が、戦後はそれが写真に取って代わられていく。そこにも、資生堂らしい美意識が貫かれてはいましたが、テレビメディアの全盛期になってくると、激しい市場競争の中でどうしても資生堂ならではの個性は薄れていかざるをえません。そこには、手触りのある個性的な表現が、大量生産・大量消費社会の巨大なローラーで否応なく押しつぶされていく姿が映りこんでいるようです。

センスの差異化は、ファッション商品だけでなく、すべての領域に広がっていきます。ファッションとは最も遠いところにある商品でも、それは同じです。

たとえば、殺虫剤です。キンチョウとかアースとかフマキラーといったメーカーからさまざまな殺虫剤が発売されていますが、品質や性能の差異はほとんどない、各社横並びと言っていいでしょう。一社だけが殺虫力の特別に強い商品を作ることはできるでしょうが、それを使ったら、虫と一緒に使った人間も死んでしまう。つまり、人畜無害というぎりぎりの線で、どの製品も差異がなくなっているのです。

となると、いまや価格競争はできないし、容器や使い方の便利さなど、些細《ささい》なところで差異をつけるくらいのことしかできません。となると、決定的な差異をつけることができるのは、もっぱら広告のセンスだということになります。

その点で、キンチョウは早くから徹底したナンセンスCMを連打して、他社との違いを強調してきました。初期のものでとくに話題になったのは、茶の間のちゃぶ台の前に並んですわった郷ひろみさんと横山やすしさんの二人が、ちゃぶ台の上に置かれたバケツに向かって、

「ハエ蚊退治にキンチョール！　言ってみろ！」と呼びかけるCMです。

が、バケツは一向に返事をしない。

やすし「なんで返事しないんでしょうね」

ひろみ「バケツだからじゃないですか」

二人は顔を見合わせ、一瞬のマがあって、このCMは終わるんですね。

これは当時、すごい評判になりました。で、このＣＭを演出した川崎徹さんに「なぜバケツなのか」と聞いたことがあります。そのとき、川崎さんが話してくれたところによると、あのＣＭを撮るときにスポンサーの人から「バケツはへんだ。ほかのもののほうがいいんじゃないか」と言われたそうです。で、山高帽はどうかとか靴はどうかとか、いろんな案が出た。が、実際にやってみると、帽子や靴ではどうもしっくりこない。なぜ、帽子や靴ではしっくりこないか。それはたぶん、帽子や靴には人間の匂いがくっついていて、そのぶん、変に意味がついてしまうからじゃないか、と川崎さんは言っていました。たとえば帽子だと、「あれは人間の頭がカラッポだということとの寓意《ぐうい》じゃないか」といったようにへんな意味をつけられやすい。その点、バケツは無機的な感じで意味がつけにくい。「バケツこそ人生そのものだ」なんて言う人はいませんからね。いかに意味の重力圏から脱出するかが、川崎さんのねらいだったというわけです。

なぜ、そこまでナンセンスに徹するのか。おそらくそれは、ありもしない商品の品質や性能をまことしやかに語ることこそナンセンスだと、川崎さんは思っていたからではないかと、ぼくは見ています。つまり、このＣＭは、差異化の袋小路で立ち往生している世の広告をせせら笑っていたようにも見えるし、広告の本来の目的を否定あるいは無視することで、広告をより次元の高いものにしていたとも言える。あるいは、広告が行き着く一つの終着点を率先して表現していたと言えるかもしれません。

経済大国行き列車の脱線

驚異の高度成長を誇った日本の経済も、六〇年代の高度成長期から七〇年代以降は安定成長期に移り、九〇年代からは低成長期に入ります。それでも、大量生産・大量消費の歯車を止めることのできない人たちは、あの手この手の策を駆使して人びとのサイフのひもをゆるめさせることに血眼になっていました。むしろ、成長が鈍化すればするほど、広告は強引になる。暴力的になっていったと言えます。

キンチョウの一連のナンセンスCMなどは、そんな歪んだ社会へのきつい批評という一面を持っていたように思いますが、「生活そのもののカタチを考え直そうよ」という提案をストレートに打ち出した広告が、いち早く八二年に現れました。

「おいしい生活。」――西武百貨店の広告です。コピーは糸井重里《しげさと》さん。

まず目をひいたのは、その広告に使われている外国人の男性タレントの顔写真でした。それまで広告に出てくる男性の外国人タレントと言えば、アラン・ドロンさんのような豪華な二枚目か、チャールズ・ブロンソンさんのような逞《たくま》しい男性美が売り物の映画スターと相場がきまっていました。が、「おいしい生活」という聞きなれない文字とセットで画面に現れた外国人タレントは、最も広告タレントらしくない男、情けないというかサエないというか、しかし自分流の生き方を貫いている人といったイメージの持ち主、ウディ・アレンさんだったのです。

「甘いばかりじゃ、退屈です。辛い、苦い、酸っぱい、渋い、と、いろいろあるのがオトナの生活。問いたいのは味であります。身も心もとろけるようなおいしさ。よく嚙みしめてわかる深遠なるおいしさ、ちょっとクセのある不思議なおいしさ、味のないのは嫌いまずいのはダメ。自分のおいしさをさがすトリップは、そのまま、自分の生活をさがすことらしい。おいしい人に逢って、おいしい本を読んで、おいしいファッションを見つけて、おいしい時間を過ごす。そんな生活、理想に終らせたくないな…。あなたと一緒に、西武も、もっと食いしんぼになるつもりの一九八二年です。」

あきらかにこれは、「豊かな生活」から「おいしい生活」への、乗り換えのすすめでした。あるいは、活字的なタテ並びの価値観の世界から、テレビ的なヨコ並びの価値観の世界への、転居のすすめとも言えるでしょう。お仕着せのライフスタイルから、自分流のライフスタイルへ。何よりもそんな自分流の生き方の魅力を、ウディ・アレンさんはボディコピー以上にいきいきと実感させる役割を果たしていたように思います。

「おいしい生活」を標榜《ひょうぼう》したこの広告は、もっぱら「豊かな生活」を売り物にしていたほかの百貨店との差異化にみごとに成功しました。が、当時、思想家の浅田彰さんは、この広告を書いた糸井重里さんは差異化のためではなく、差異化の袋小路から抜け出すつもりでこの広告を作ったのではないかと言っていました。

「あれは絶えざる差異化のプロセスからの戦略的撤退なんじゃないか、という気がする。実際、シンボリックな差異化といっても、やることは大体やりつくした感じでしょ。人間の認知能力の限界ってことからいうと無際限な情報の洪水がノイズとしてしか認知されないように、差異化の行きつくはても一様なひろがりとしてしか認知されないんじゃないか。

もう何やったってあんまり目立たないって感じね。そうなると、〝おいしい〟っていうような一種の身体感覚みたいなものが出てこざるをえないのかもしれない」

するどい見方ですね。そう考えると、この広告は、センスの差異化というより、豊かさを求めてあくせくする生活や広告そのものの、計画的廃品化でもあったと言えそうです。当時さまざまな反響をよびましたが、当の糸井さんは、雑誌「広告批評」のインタビューにこう答えています。

「あれ、言葉自体にアナーキーなところがあるでしょ。（……）『おいしい生活』なんて、ホントはないんですよね。シアワセの青い鳥にすぎない、ただ、言ってみればそっちの方向に向かっている状態を指してる、みたいなことなのね。（……）デパートにはいいものも変なものもある。その変なものも人によってはいいものかもしれない。その矛盾を露呈させたいのね。（……）でも、変なこと、始めちゃったなあ」

「おいしい生活」のヒットは、西武百貨店に若者を引き寄せる大きな力になり、西武百貨店の躍進にも寄与しましたが、堤清二さんと糸井さんが考えていたのは、当時の行き詰まった消費社会を、大量生産と大量消費をベースにした成長主義の呪縛から、少しでも解放する方向に持っていこうというところにあったのではないか。そんなふうに見ることもできそうです。

七〇年代の半ばから八〇年代にかけては、メーカーの広告よりも百貨店やスーパーなどのストアの広告に活気が見られました。西武百貨店の「もっとイマジネーション」、伊勢丹の「こんにちは土曜日くん。」、丸井の「好きだから、あげる。」、そしてパルコの「モデルだって顔だけじゃダメなんだ。」に始まる一連のシリーズなど、ヒット広告が次々にビッグストアから生まれました。

中でも、石岡瑛子《いしおかえいこ》さんがリーダーとなって制作したパルコの数々の広告は、その鮮烈な表現で大きな話題になります。

「裸を見るな。裸になれ。」

「女たちよ、大志を抱け！」

「鶯は誰にも媚びずホーホケキョ」

「諸君、女のためにもっと美しくなろう」

「時代の心臓を鳴らすのは誰だ。」

コピーも強かったが、映像はさらに強烈だった。ニコリともしないモデル。裸で海辺に立つ白人の女性。浴衣を着た黒人女性……、そこに登場する女性たちは、これまでの〝広告の中の女〟たちとは、まったく異質の女たちでした。

「男の人が広告の中で描く女は、女から見てあまりにも違うというか、ピンとこない。そういうものに対する答えを出してみたかったということが、この広告の場合にはありましたね」

と、石岡さんは言っています。

「自分の表現に選ぶ女性は、観客を愚弄するような存在であってほしいと思っていた。そういう強さを持っている女を大勢並べて叫んでもらいたいと思った時に、自分のイマジネーションの中で考える女性は実は自分の周りにはいない。日本の女性の中にも潜在的にはいるんだけれども、彼女たちはまだそこに気づいていなくて、日本の男も気づかせていなくて、だから日本の女性は女性であることを本当にはエンジョイしていないんです。で、結局、私が求めるものを表現できるキャラクターは、テーマに応じてアフリカ人だったり、インド人だったり、あるいはニューヨークの女優だったりと変わってくるわけですね。そうやって女の概念を広げること、そして、刺激を与えること、混乱を生み出さなきゃいけないという思いがありましたね」

こうして次々に生まれたパルコの広告は、七〇年代に〝パルコ旋風〟を起こしましたし、若い女性をパルコに引き寄せる大きな効果を発揮しましたが、その広告には、商品はまったく出てこない。そこで作られたのは、パルコというストアの鮮明なコーポレートイメージです。それは、個々の商品よりも、企業の差異化をはかる活動であり、ブランディングの仕事だったとも言えるでしょう。

自社の商品しか語れないメーカーと違って、ストアはメーカーよりも自由に商品を語ることができるし、さまざまな商品を組み合わせて語ることもできる。さらには、メーカーの商品にない利点を持った、あるいはメーカー商品の盲点をつくオリジナル商品を開発する大手スーパーも現れました。

八一年四月、オリジナル商品の開発に熱心だったダイエーの創業者、中内《なかうち》㓛《いさお》さんにじかに聞いた話をこの章の終わりに紹介しておきます。

「メーカーからの一方通行的な広告の時代は、完全に終わったといってもいいでしょうな。その原因の一つには、本来の意味での新製品がなくなっているということがあるでしょうね。かつてパッカードが言ったように、新製品という触れこみで市場に出てくるものの大半は、単なるモデルチェンジに過ぎないということがある。ここ一〇年で画期的な新製品といえば、エアコンとVTRくらいなものやないですか。

つまり、メーカーとしては、いまあえて広告するものは何もない。かんじんの商品に魅力が無いんでは、お客さんはしらけるばかりでね。やっぱり、アメリカのコピーの時代が終わったということでしょうね。いままで日本は、アメリカとヨーロッパのコピーですべてやってきたんだが、もうコピーするものがなくなってしまうところまできたわけや。ただ、そうかといって、日本独自のクリエーティブなものが何か生まれているかというと、どうもそんなものもない。日本の製品は性能がいいというんで海外で評判がいいようですが、精巧な技術はあってもオリジナルなものはないでしょう。いまはなくても、クリエーティブな土壌が育っているかというと、それもあまりないように思うんですね」

「人を暗示にかけるというか、これまでの広告は、多かれ少なかれ催眠術的な方法の上に成り立ってきたといえるでしょうね。それに対してダイエーの広告は、眠っている人をゆり起こすようなところがある。気付け薬で目をさまさせていくようなところがあると思っています。暗示にかかったらダメですよ、よく見て買ってくださいよ、商品にも広告にもからくりがありますよ、ということを言外にいいつづけているつもりです」

「だいたい、メーカーの広告は、往々にして商品を唯一無二のものとして語りがちですわな。極端にいえば、お客さんの選択の自由を奪うことによって寡占化の方向に進んで行こうとする性質を持っている。ところが、流通の広告というのは、広告している商品も、いろいろあるものの中の一つにすぎないという視点がどこかにはいっているものです。メーカーの方向とは逆で、選択の幅を広げることによって寡占化の弊害を取り除いていく。メーカーがかけている魔法のワナをいかに取りはずしていくかが、いってみればわれわれの広告だと思っています」

中内さんは、魅力的な人でした。本来の意味の革命児だったとぼくは思っています。

ハワイ州オアフ島のホノルル動物園近くに立つガンジー像
Photo by Yukichi　Amano

第三章　生活大国ってどこですか

「広告批評」の創刊

一九六〇年代のはじめにわれがちに乗った〝経済大国行き夢の超特急〟は、七三年までの高度成長期、七四年～九〇年までの安定成長期、そして九一年以降の低成長期時代へと、次第にスピードを落としていきました。

いま思えば、六〇年代というのは劇的に生活が変わった一〇年間でした。ぼく自身、出版社から広告代理店に職場が変わって、給料もぐんと上がって、家もコンクリート造りの団地に移って、家の中にはピカピカの家電製品がそろって、子どもが二人も生まれて、まさにぼく自身の生活の高度成長期だったという感じがします。戦後にあんなにあこがれたアメリカの連載漫画「ブロンディ」の生活スタイルを、縮小版ながら手に入れたわけですから（あ、クルマはまだ買えませんでした）。

仕事も面白かった。「広告」という博報堂のPR誌で、好きなことをやらせてもらいました。もともとこの雑誌は、マーケティングの研究誌みたいな匂いが強かったのですが、ぼくはそれが苦手というか性に合わなくて、大衆文化としての広告の面白さを柱にする内容に変えさせてもらったのです。

で、原稿をお願いする相手も、東大の先生よりは京大の先生、マーケティングの研究者よりは映画や漫画や芸能の研究者、それに作家や詩人や画家や芸能人といった人が多くなりました。加藤秀俊さんの「商品の意味論」とか、大熊信行さんの「消費者から生活者へ」とか、目からうろこの原稿をたくさんもらったことや、辻まことさんや谷内六郎さんの画文を載せて「広告の雑誌にどうしてこれが?」と読者にびっくりしてもらったことや、この後の「広告批評」につながっていくようなテーマをいろいろ仕込ませてもらったと思っています。

が、あまり勝手なことをしすぎたのか、ぼくを自由に泳がせてくれたクリエイティブ部門のトップ(斎藤太郎さん)がおやめになったあと、「広告」は休刊にさせられてしまいました。それじゃつまらないので、ぼくも博報堂をやめさせてもらい、友人数人と小さなプロダクションをつくった。で、数年後に「広告批評」を創刊しました。一九七九年のことです。

この時期、高度成長と歩調をそろえてふえてきた日本の広告費は、それまでの活字メディアに電波メディアが加わることで、ますます消費社会に大きな影響力を持つようになります。とくにテレビ広告の伸びはすごくて、七五年にはそれまで媒体別広告費で一位だった新聞を抜いてトップに躍り出ていました。

そんな時期に創刊した「広告批評」の、これは創刊のことばの一部です。

「広告は、大衆社会の〝いま〟と切実な関係を保ち続けることで、人びとの暮らしに対する想像力を切りひらき、生きるための目を鍛える役目を果たしてきました。が、このところ、広告は本来の〝ことば〟を失ってしまったように思われます。人びとの関心や期待とは別のところで、空騒ぎや見せかけの前衛に走っているという声を、あちこちで耳にするようになりました。年間一兆八千億円のお金が広告のために使われていることを思うと、これはどう考えても、もったいない話です。広告が大衆表現としての魅力的な〝ことば〟を獲得するには、何を、どうすればいいのか。そのことをいま、広告の仕事にたずさわるみんなが知恵を出し合って考えることが必要なのではないでしょうか。『広告批評』は、そのためのちいさな場《フォーラム》になりたい。広告のワクにとらわれず、さまざまな領域の人たちに参加してもらおうと私たちは考えています。おっくうがらずに、つきあってください。いい知恵を出してください」

なんだかずいぶん気負った言い方ですが、この時期にたしかに広告は大きく変わろうとしていました。フル回転していた大量生産・大量消費の歯車が、このころからきしみ始めた。需要の創出がお手上げ状態になってきた。その壁を強引に突き破ろうとすれば、広告は強引になり、暴力的にならざるをえません。

もちろん、広告の中には、商品や生活への批評的な視点を持ったいいものもあります。歯磨「嗽石香」などの名コピーで江戸っ子たちをうならせた平賀源内さんや、小さな突き出し広告で大メーカーの広告をぎゃふんと言わせた「スモカ歯磨」の片岡敏郎さん、そして「アンクルトリス」で日本のサラリーマンを元気づけた開高健さんや山口瞳さんなどなど、昔からすぐれたコピーライターたちの書いた広告には、人間や世の中を見る温かくて鋭い目が生きていました。それが広告の〝見巧者《みごうしや》〟を育て、人びとの商品や生活を見る目を育てる手助けをしてきた、とぼくは思っています。

が、巨大化するものは、えてして暴力化する。七〇年代も後半になると、カネに糸目をつけず、これでもかこれでもかとしつこく売り込みをする広告がふえてくる。経済成長を維持しようとすれば当然の成り行きとも言えるのですが、せめて「広告批評」は、そんな暴力的な広告にヤジを飛ばし、すぐれた広告に拍手を送っていきたいと思ったのです。

なんていうとえらそうですが、資金はないし、人脈もあまりない。ま、あとは出たとこ勝負だと、Ａ５判のうすっぺらな雑誌を出しはじめたのですが、そのときに考えていた編集方針は、こうでした。

「広告という大衆表現を語るには、書き言葉より話し言葉のほうが、それも立ち話ふうの気楽な話し言葉のほうが向いている。できるだけ原稿依頼はせずに、対談やインタビューでいこう」

これにはもう一つ裏の事情があって、編集費があまりないからということがあったんですね。原稿料よりはインタビューの謝礼のほうが少なくてすむんじゃないかという貧乏人の悲しい計算です。

が、結果的には、これがよかった。はじめのうちは数千部という発行部数だったのが、タモリさんやビートたけしさんのロングインタビューを載せたあたりから、ぐんぐん伸びて一万をこえ、二万にせまるようになり、なんとか発行をつづけるメドがついたのです。

こうした成り立ちの背後には、相談相手になっていろいろ知恵をくれた評論家の江藤文夫さんの力と、副編集長・島森路子のすぐれたインタビュー力、それと徹夜もいとわぬ若いスタッフの気力があります。こうした裏方の力がなかったら、ものぐさなぼくは途中で「広告批評」を投げ出していたかもしれません。

久野収《くのおさむ》さん、福田定良さん、淀川長治さん、谷川俊太郎さん、橋本治さん、糸井重里さん、高橋源一郎さん、横尾忠則さん、ビートたけしさん、所ジョージさん、イッセー尾形さんなど、この雑誌のおかげで、半ば常連のようになって面白い話を聞かせてくれる人たちと会えるのも、ぼくには楽しみの一つでした。

広告を広告する

ついでだから、ここでちょっと休憩をかねて広告を広告させてもらうと、別に広告というのは資本主義に特有の産物じゃありません。神代の昔からありました。神話というのはだいたい広告的な働きを持ったもので、「古事記」とか「日本書紀」というのはこの国の成り立ちを広告的に書いたものだし、いまの平和憲法だって、日本の国体を内外に広く広告する働きがあります。戦争なんかしないと宣言した国だというんで、日本は世界中に好意を持たれているし、日本人のアイデンティティにもなっているんじゃないですか。

古代中国の始皇帝さんが万里の長城をつくったのだって、外敵の侵入を防ぐのだけが目的じゃない。彼の権力の偉大さを敵にも味方にも、あれは誇示する広告だったとぼくは思っていますし、豊臣秀吉さんが後陽成《ごようぜい》天皇の即位を祝って聚楽第《じゅらくだい》で開いた大イベントだって同じようなものでしょう。

イエスさんが村はずれの木の下で、足の不自由な老婆の足をさすって治すという奇跡を起こしたり、空海さんが水飢饉《ききん》の村でポンと杖《つえ》で地面を叩《たた》いて水を湧《わ》き出させたなんていうのも、目に見えない神さまや仏さまの力を人びとにわかりやすく広告する行為と言えそうです。

こうした宗教広告や政治広告のあとから商業広告は生まれてくるのですが、亡くなった杉浦日向子《ひなこ》さんによれば、江戸時代の浮世絵の大半、それも役者絵や力士絵や美人の絵は、いまでいうブロマイドみたいなもんで、ほとんどが広告だったそうです。一八世紀の江戸は、世界に冠たる広告文化都市で、おでん売りとか金魚売りのような物売りの声の洗練度もすごいものがあるんじゃないかと、つねづねぼくは思っています。

金魚売りなんて、「キンギョ～エ～キンギョ～」と、文字にしたら商品名を連呼しているだけですよね。それなのに、あの独特の節回しが、夏の涼しげな縁側のイメージを呼び起こす。その縁側に置かれた金魚鉢の中を泳ぐ金魚の姿を連想させる。すごいもんですね。いまどきのCMソングなんて顔色なしです。

そのへんのことは、『私説 広告五千年史』（新潮選書）という本にくわしく書きましたから、興味と暇のある方はぜひ見ていただきたいのですが、その本のまえがきだけでもちょっと読んでください。

犬がいかがわしい生き物だと、思ったことはありません。猫もそうだし、蟻もそうです。つまり、いかがわしい動物などというのはいないんですね。

が、たったひとつだけ、人間というのはかなりいかがわしい生き物だという気がする。

もちろん、それは自分も含めての話です。

それはなぜだろうと考えてみると、やはり「ことば」というものを、それも複雑なシンボル体系としての「ことば」というものを、人間だけが持ってしまったからではないかと思うのです。

何がいかがわしいって、この「ことば」くらいいかがわしいものはありません。だから昔の人は「不言実行」が大切だと言いました。雄弁は銀だが沈黙は金だと、雄弁より沈黙を上位に置きました。が、「不言実行」とか「沈黙は金」とかいうのも、ことばを使わなければ言えないわけで、つまり、ことばがあるから人間はいろいろ言ったり考えたりすることができる。逆にことばがなければ、人間は人間でなくなってしまうんですね。

そう考えると、「人間はことばを使う動物である」という定義は、「人間はいかがわしい動物である」と言いかえても、別にかまわないんじゃないかという気がする。人間の歴史は、いかがわしい生き物たちの、いかがわしい所業の歴史と言いかえることもできるでしょう。

で、人間の持っているそんないかがわしさを、一身に体現しているのが、実は広告というものではないか、とぼくは考えています。ま、芸術や芸能も、祖先は広告と同じですから、それぞれ十分にいかがわしい。が、一〇〇パーセント濃縮還元のいかがわしさを持ったものと言えば、やはり、広告にとどめをさすでしょう。

だから、広告の歴史を考えることは、人間の歴史そのものを考えることにもなるんじゃないか、少なくとも、人間の歴史の一つの側面を考えることになるんじゃないか、と前々からぼくは思ってきました。この本でそのスケッチができたらいいな、と思っているのですが、さて、どうなることやら。なにせ、いかがわしさでは人後に落ちないぼくの話ですから、マユにツバをたっぷりつけて、つきあってもらえればと思います。

念のために言っておきますが、ぼくはいかがわしいものやいかがわしいことが大好きです。ということは、人間が大好きだという意味です。

——というわけで、もともと広告というものを、ぼくはとても人間的なものと思っているのですが、これを資本主義が利用しはじめたことから、広告はかなり変わってきました。それも、初期の身の丈サイズの資本主義のころはよかったのですが、大量生産・大量消費の歯車を強引にまわすための道具として使われ始めると、広告本来のいかがわしさから人間的な匂いが消え、もっともらしい顔つきとまことしやかな詐術師の口ぶりだけが前面に出てくるようになります。

そんな広告の洪水の中にいると、まったくうんざりしてくる。あるいはいらいらしてくる。で、だんだん広告不感症になっていきます。が、それでも広告は、意識下に働きかけてきたりするから油断できません。

もちろん、中には人間くさいすぐれた広告も、まれにあります。

日本間の座敷に、頭の薄くなった頑固そうな男が浴衣に角帯で正座している。

そんな写真の右上に大きな白抜きの字で、

「わたしは行かん。」

——一九九〇年夏の西武百貨店のバーゲン広告です。バーゲンの広告と言えば、「行かなきゃソンソン」みたいなうるさい広告が多いのに、この広告は「わたしは行かん」と言っている。そんな世間の風潮にひとり背を向けている頑固親父の姿が、逆にバーゲンのにぎわいを印象づけているようで、うまい広告だと思った記憶があります。

そう、いくらみんなが出かける催しでも、「わたしは行かん」という人がいていいし、その人に焦点を合わせているところがうまいですね。そんな頑固親父に山口瞳さんを起用しているところもうまいけれど、山口さんを知らない人にでもちゃんと通じるところがもっとうまいと言っていいでしょう。

こういう広告を見ると、ぼくはホッとします。が、こんな広告を作れる人は、はっきりいって日本に一〇〇人いるかいないかです。「広告批評」では、毎年の年末に、その年の広告のベストテンを新聞広告とテレビCMについて選んでいたし、それに選ばれるような広告はいいのですが、それは広告全体の一〇〇〇分の一くらいでしかない。一〇〇〇分の九九九は、ただの騒音にすぎないし、それが世の中の空気を悪くしているのですから、困ったことです。

だれのための意見広告

困ったことと言えば、「広告批評」を創刊して間もなく、八〇年代のはじめに、とても困った広告たちに出会いました。一つは政府が政策をPRするためにはじめた意見広告、もう一つは政府と電力会社が一体になって始めた原発推進のための意見広告です。七九年のアメリカ・スリーマイル島の事故のあと、世の中の不安や原発反対の声を鎮めるためでしょう、原発の必要性や安全性をアピールする意見広告が、新聞にどっと現れるようになったのです。

これは広告の批評誌として、黙っているわけにはいきません。まず、第一の政府広報については八一年の三月号と翌八二年の二月号で、第二の原発広告の問題については八七年六月号を中心に何回かとりあげました。

政府広報が活発化したのは、一九七三年からです。

この年、オイルショックが起こる。それにつづくように公害問題や欠陥商品問題など、世間を騒がせる問題が次々に起きました。これに対処するには、政府から国民へのコミュニケーションをもっと円滑にやらなきゃいけないと政府は考えたわけですね。で、政府の中に内閣官房内閣広報室が生まれ、これまで年間一〇億円台だった予算が一気に三〇・五億円にはねあがり、さらにその翌年には五八・〇億円と年々上がって、七九年には一二五・七億円とふくれあがっています。これは、その年のソニーや三菱電機の年間広告費を抜いて日本の広告主ランキングの第一四位という多さです。

何にそんなにお金を使うのか。その四割強は新聞や雑誌などを使った広告費、同じく四割強がテレビやラジオの番組提供費やスポット広告費、つまりはマスメディアを使った広報活動に使っているわけです。

で、たとえば新聞広告では、どんなテーマで広告をしているか。それを見ると、防衛問題、環境問題、省エネ問題、福祉問題、原発問題、北方領土問題など、さまざまなテーマを扱っています。

防衛問題を例にとると、防衛庁が出した新聞広告には、最新型ジェット戦闘機の側面の写真。で、キャッチフレーズはこうです。

「平和は、与えられるものではない。」

そして、ボディコピーがつづく。

「長い間、平和が続いている日本。しかし、きびしい国際情勢の中で、私たちの平和な生活が何の防衛努力もなしに守り通せるとは言いきれません。国の防衛にとって、自分たちの国は自分たちの手で守るという気概を、国民の1人1人がもつことが、何よりも大切です。あなたも、あなたが住んでいる日本を守ることについて、考えてみてください。11月11日は、自衛隊記念日です。」

なかなか巧い広告です。が、こういう広告を政府が出すことが許されるでしょうか。許されない、とぼくは思うのです。

ぼくらが調べたかぎりでは、政府の広報活動には、大きく分けて「行政広報」と「政策広報」の二つがあります。行政広報というのは、何月何日に選挙があるといったような行政上のお知らせ、一方の政策広報というのは、政府が行っている政策に理解や協力を求める広告です。当然ですが、前者は告知広告、後者は意見広告という形になりますね。

このうちの行政広報は、たいていの国では新聞や雑誌を使って広告をしています。が、マスメディアを使って政策広報をしている国は、ないと考えていい。なぜって、政府がやっている、あるいはやろうとしている政策には、国民の間に賛否両論があることが多い。それを一方的な意見広告として出すことは、それも国民の税金を使って出すことは許されないんじゃないか、というわけです。

政府広報の問題を取り上げた「広告批評」の特集の中で、都留重人《つるしげと》さんは、こう言っています。

「もともと〝意見広告〟というのは、少数意見にマス・メディアを開放するというのが建前であった。（……）〝意見広告〟がこうした強者のものとなることについては、マス・メディアの側も考えるべきであろう。特に政府広報が〝意見広告〟の場に出てきたことについては、いっそう問題がある」

小田実《おだまこと》さんの意見はこうです。

「やっぱり在野のジャーナリズムというのは、徹底して反権力の立場に立つべきよ。政府は絶えずわれわれの税金を使って勝手なことをしている。そしたらせめてジャーナリズムくらいは徹底して反権力の立場に立って、政府のやることにケチをつけてくれなくちゃ話にならんじゃない。このごろはジャーナリズムも少しは物わかりをよくして、政府のやることでもいいことはほめろ、みたいなアホな意見もあるようだけど、ほっとけ、そんなもん。それは政府が勝手にやっとんねん。朝から晩まで、具体的にみずからの政策を実行するという形でほめとんねん。そんなら、せめて言論は徹底してそれを批判する。それしかないやろ」

たしかに政府が出す意見広告は一方通行です。反対する人には反論する権利があるといったって、それには目が飛び出すような大金が要る。アメリカでは、ある広告で被害や迷惑を受けた人や団体には、その広告を載せたメディアに同じ大きさのスペースを無料で提供することを求める権利（反論権）がある、といった制度があるようですが、日本にはそんなものはありません。それに、政府が出す意見広告の場合は、その費用を税金という形で自分も負担しているのですから、自分で出した広告に自分で反論するというのも、とんちんかんな話です。となると、都留さんや小田さんが言うように、政府が出す意見広告を新聞は載せない、というルールを作るしかないんじゃないでしょうか。

が、なぜか、こうした声が届かないのか、それとも聞こえないふりをしているのか、新聞はこの後も意見広告を載せつづけます。おそらくその根拠は、「新聞の広告スペースはすべての団体や個人に開放された言論の広場だ」という考えによるものでしょう。そのモトになっているのは、一九六一年一二月二八日の「ニューヨークタイムズ」の社説欄に載った「広告の自由」という宣言文です。

「ニューヨークタイムズは、合衆国憲法修正第一条の目標を促進するために、われわれの広告欄をあらゆる意見のために、それがどんなに強い不満を感じさせるものでも、開放しておかなければならない。

中傷文書に関する法律に反しないか、礼儀や良識の欠如の限界を越えていないか、事実は正確か、といったことが問題になるのはもちろんだが、新聞の自由の原則は、われわれが容認できない事件の報道を要求するばかりでなく、われわれがその内容に大きな抵抗を感じる本や、その目的に嫌悪を感じざるを得ない政党や政治活動の広告をも受け入れる義務をわれわれに課している。

憲法第一条の修正条項が保証するものは、単に発行者の発行する権利だけではない。大衆の知る権利の保証であることが、より重要なことである。これこそ、自由な報道の真の意味だとわれわれは考える。それは、思想の領域における開かれたコミュニケーションの維持にほかならない」

これはとてもいい宣言だと、ぼくは思っています。が、アメリカの場合には、政府が新聞を使って行政広報をすることはあっても、政策広報のための意見広告を出すことはない、ということです。

政府の出す意見広告は別として、意見広告そのものは、ニューヨークタイムズの社説が言う通り、自由であることが原則です。そして、これまでにも、さまざまな意見広告が新聞や雑誌を賑わしてきました。日本の団体や個人が海外の新聞や雑誌に意見広告を出した例もたくさんあります。で、それはこれからもつづいていくことは確かでしょう。が、そのためには、「反論権」の問題など、いくつかのルールをしっかりきめておくことが、必要なんじゃないでしょうか。

それと、日本のテレビとラジオは、意見広告をいっさい扱わないということでこれまでやってきました。が、政治や宗教などの分野の意見広告は、これからもやらないで通すのか。企業広告の大部分は実質的には意見広告と言っていいのではないか。こうした問題がたくさん残されています。そしてそれ以上に問題なのは、日本の最大のメディアであるテレビが、意見広告をいっさい扱わないということ自体に大きな問題があるんじゃないか、ということですね。

それにしても、「もともと意見広告というのは、少数意見にマス・メディアを開放するというのが建前であった」という都留重人さんの言葉は、深くかみしめておく必要があると思う。いまの意見広告の世界が、ほとんど権力者や圧力団体などの強者に占められている現実を、ぼくらはどう受け止めたらいいのか、ということです。

成長に原発は欠かせない？

意見広告がもたらしたもう一つの難題は、原発の推進広告です。

一九七九年のアメリカ・スリーマイル島の事故のあと、世の中の不安や原発反対の声を鎮めるためでしょう、八二年ごろから、原発の必要性や安全性をアピールする意見広告が、新聞に現れたのです。

広告主は、電気事業連合会や電力会社、それに日本政府です。すごい量のお金を使って原発推進の地ならしをする。これに反対する人や団体が同じくらいの量で新聞に意見広告を出そうと思ったら、何千万円、いや何億円というお金が要るでしょう。原発に反対する人びとは当時もたくさんいたのですが、そんな声を無視して一方的な原発のPR広告をじゃんじゃん出すなんていうのは、完全に暴力としか言えない。この広告はモノを売っているわけではないけれど、大量生産・大量消費の歯車を回しつづけるための電力を確保して大量生産・大量消費の後押しをするのが目的ですから、その点ではモノを売る広告とも深いつながりがあるわけですね。

ということで、「広告批評」で、数回、原発反対の特集を組みました。その中の一つ、八七年の六月号では、原発推進の広告を数十点とりあげ、その中の〝ウソ〟を高木仁三郎さんに一つ一つ、丹念に拾ってもらったりしました。

たとえば、「2000万トンのタンカーが浮いた。」という東京電力が八一年三月に出した広告があります。紙面には巨大なタンカーがぽっかり海面から浮いている写真。で、コピーはこうです。

「(原子力発電をはじめて)きょうで満10年。発電した電力量は、のべ約1000億キロワットアワーになりました。これを石油に換算すると、2340万キロリットル。なんと10万トン積みのタンカー約200隻ぶんを、肩がわりしたことになります。(……)」

で、これに対する高木さんの異見。

「これはもうはっきりしていることですが、原子力はそれほど石油を浮かせない。原子力発電所を作るのにも一基四千億から五千億円くらいかかりますが、そのかなりの部分が建設作業の動力に使われているし、ウランの濃縮にもかなり電力を使う。その電気は石油で作っているわけで、計算評価の仕方は人によって違いますが、浮いたと言われている石油の半分くらいは原子力が使っているのではないでしょうか。それを差し引いていないのは、単純なウソだと思います」

あるいは、「『使用済み』の物は大抵の場合捨てられる運命にありますが　原子燃料の場合は『使用済み』の後も働き盛りです。」という電気事業連合会の広告。紙面にはタバコの吸い殻をごみ箱に捨てようとしている写真が載っています。ま、核燃料サイクルの問題は、その後まったく破綻《はたん》状態になっていますが、この広告のコピーは、こうはじまっています。

「タバコのフィルターくらいの大きさで、一軒の家庭の電気なら一年分をまかなえる……」

2,000万トンのタンカーが浮いた。
原子力発電・10周年
東京電力株式会社

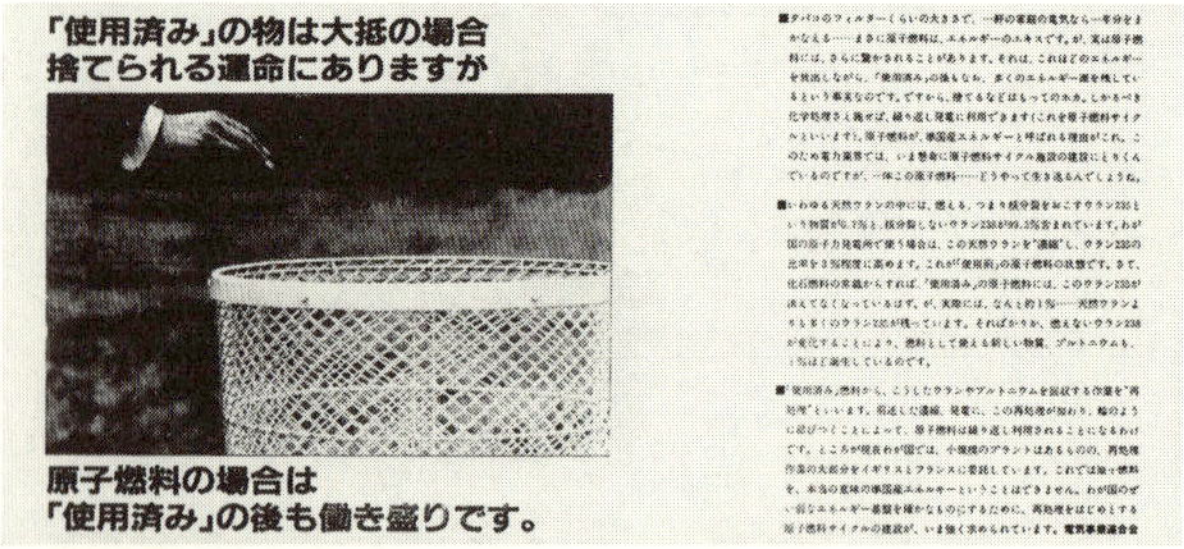
「使用済み」の物は大抵の場合
捨てられる運命にありますが
原子燃料の場合は
「使用済み」の後も働き盛りです。

これに対して、高木さんの見方はこうです。

「これは多少言い方にウソはあるにしても、まあまあ認めてもいい話です。しかし、そのタバコのフィルターくらいの燃料を燃やした結果、およそ五万人の致死量に当たるくらいのゴミが出る。再処理と言うけれど、その際に出る廃液も、同じくらい危険なゴミなんです。つまり、ちょっと言葉は悪いけれど、ダイエットはしてる、たしかに少食ではあるけれど、そのかわり非常に汚ないウンチを大量に出す。その観点から言うと、なんて汚ない技術だということになる。そこにまったく触れていないのはひどいやり方です」

ぼくたちがこんなことをやっているとき、外では原発に反対する市民運動も盛んで、あちこちで集会が開かれていました。が、残念なことに、そんな世論を無視して、原発はどんどん作られていってしまった。経済成長を維持するためには、何がなんでも原発が必要だったということでしょうが、こういうやり方こそ〝暴力〟以外の何ものでもないと思います。

とくに、政府が電力会社といっしょになって原発の広告をするのは、とんでもないことです。亡くなった小田実さんが初期の「広告批評」で、政府が国民の税金を使って政策を広告するのは憲法違反だと言ったことがありますが、とくに原発のような国論を二分する問題に政府が賛成側から口をはさむというのは、もってのほかじゃないでしょうか。新聞もこういう広告は載せちゃいけないし、広告会社も安易にこういう広告をつくっちゃいけない。

でもねえ、ぼくらのような小さな雑誌がそんなことを言っても、天下の大新聞がそういう広告を次から次に載せてしまうんですから、どうにもならないんですねえ。ごまめの歯ぎしりって、こういうことを言うんですかねえ。

生活大国はいかが

さて、〝経済大国行き夢の超特急〟の車内に戻ると、賑やかで、華やかだった窓の外の景色がさらに喧噪《けんそう》をおびていく。

八七年の暮れに、「広告批評」が一〇〇号を迎えたところで、ぼくは編集長を島森にゆずって横から口を出す相談役の椅子にすわったのですが、ちょうどそのころから、経済大国行き列車の窓の外がやたらに騒がしくなってきた。バブル景気です。そのうち、派手に一万円札が乱れ飛ぶ風景が窓の外に見えたと思ったら、バーンと何かがはじける音がして、夢の超特急は急停車してしまいました。「線路の上でバブルがはじけて、列車が脱線しちまったぞ」という声が聞こえてきたりして。

そう、一九九一年のはじめのことです。三〇年間走り続けた列車も、とうとう金属疲労を起こしてとまってしまったわけですね。

このへんの正確な事情を、経済学者の佐伯《さえき》啓思《けいし》さんは、のちにこう書いています。

「十数年におよぶ高度成長をへて、日本は七〇年代にはすでに〝豊かな社会〟になっていた。従来の産業主義の延長線上に経済成長を遂げるためには、それに見合った需要がなければならないが、それをもはや十分に生みだしえなかった。そこで、公共事業と外需に依存する経済発展の構造が作りだされ、さらには資産バブルが作りだされた。バブルを起こすほど資産が蓄積されていること自体が、もはやモノへの欲望が十分には消費需要を生みださないことを示している。そして、これらがすべて破綻してしまうと、そのあとに出現したものは長期停滞でしかなかったのである」

専門家の目を通せば、なるほどよくわかる。が、そんな目を持っていないぼくには、バブルなんていうのは窓の外の風景で、なんの恩恵を受けることもありませんでしたし、背景もよくわからなかった。ただ、これからぼくらはどうなるのか、この国はどこへ行こうとしているのか、そんなことをぶつぶつみんなで言い合っているときに、とつぜん、「経済大国はもうやめて、生活大国へ行こう！」という声が聞こえてきたんですね。

声の主は、時の総理大臣の宮沢喜一《きいち》さんで、「生活大国五カ年計画」というプランが発表されたのです。この計画は、いろいろ問題点もあったし、宮沢さんが翌年には失脚してしまったこともあって、あわれ煙のように消えてしまったんですが、計画の細部はともかくとして、ぼくはなかなかいいアイデアではないかと思いました。とにかく、もう経済大国へ向かうにはどうしたって無理がある。とすれば、引っ越し先はこっちしかないと思ったんです。

で、さっそくぼくらは「広告批評」に、「生活大国ってナンですか」という特集をくみました。で、その内容を伝えるのに、政府の発表した計画書をそのまま紹介したのでは、コチコチの文章で一ページも読まないうちに健康な人なら確実に寝てしまう。で、ぼくが調子のいい旅のガイドさんになって、計画の内容を読者のみなさんに紹介するカタチの原稿を書きました。ちょっと、それを少し手直しした上で再録させてください。

ようこそ！

これから私が、みなさまを憧れの「生活大国」へご案内いたしましょう。

みなさますでにご存じのとおり、ことし一九九三年は、「生活大国五カ年計画」の第一年度に当たるという、記念すべき年であります。

そこでまず、この国の建国コンセプトを簡単にご紹介しますと、

①ここは国民の一人一人が、日々の生活の中で本当の豊かさとゆとりを実感できる国である。

②ここは多様な価値観を実現するための機会が、みんなに等しく与えられる公正な国である。

③ここは大量生産・大量消費・大量廃棄の社会システムにバイバイし、美しい生活環境のもと、人びとが簡素なライフスタイルで生活を楽しめる国である。

とまあ、いいことずくめのコンセプトであり、言うならばこの世に極楽を作り出そうとする、壮大な計画だと言ってよろしいでしょう。

これをさらにつづめて言えば、一〇年ほど前に糸井重里さんが西武百貨店の広告で書いた「おいしい生活」のコンセプトにかなり近い。

「たくあんひと切れと、松坂牛のステーキと、実はどっちもおいしいわけで。豪華客船に乗っての世界一周旅行と、ちょいと近くの温泉へなんて旅とでは、やっぱりどっちもおいしそうなわけで。そんなはずはない、なんて言う人もいるかもしれないけれど、要はキモチの問題であると、思うんですね。おいしさには順位がない。そこが、イイと、思うわけで。だから、『おいしい生活』というのは、とても近いところにも、遠いところにもあるはずなのです」

こんなコピーは、そのまま「生活大国」の広告にも使えるのではないかと、私などは考えております。

さて、次にこの国のセールスポイントをご紹介しておきましょう。

「豊かさとゆとりを実感できる」というのは、具体的にはどういうことなのか。それをわかってもらうための目玉商品として用意されたのが、「時短」と「住宅」であります。

①年間の総労働時間を、現在の二〇〇〇時間から一八〇〇時間に短縮する。

②大都市圏でも、年収の五倍程度で3LDKクラスの良質の住宅が買える。

というわけですね。このほかにも、通勤電車の混雑率を現在の二〇〇%から一八〇%にする。平たく言えば、車内で文庫しか読めない現状を、新聞が四つ折りで読めるようにするということですが、そういったおいしい条件が目白押しに並んでいます。

ま、この国の口さがない人の中には、「そんな無茶な時短をやったら、経済がますます落ちこんでしまう」とか「年収の五倍で家を買う試算をしてみたら、一〇年後にはローンの返済で首がまわらなくなり、一家心中をしているという結果が出た」などとイチャモンをつける人もいますが、そういうひがみっぽい声にはどうぞ耳を貸さないように。話は素直に聞いていただきたいと思います。

たしかに、豊かな暮らしの入れ物として3LDKクラスの住宅は大切ですし、通勤電車の中で新聞が四つ折りで読めるようでなければ、とても「豊かさとゆとりを実感できる生活」とは申せません。

（お客の中から〝できたら二つ折りで読みたい〟の声あり）

まあまあ、そのお気持ちはもよくわかりますが、いま、みなさまが考えなければならないのは、二つ折りか四つ折りかという問題ではありません。これから私たちは「どんなライフスタイルを選択するのか」という、よりコンゲン的で、よりテツガク的なモンダイなんですから。

その点については、政府の「五カ年計画」は、抽象的な表現でしか語っていない。経済大国的生活はあきらめるというと、どうしても金まわりが悪くなることは覚悟しなければなりません。

つまり、ヒマはふえるが、少し貧乏になる。政治家としては、そこはちょっと言いにくいところですね。ですから、どうしても最後のところは抽象的なことしか言えなくなってしまうわけで、ここからは私が持ち前のすばらしい想像力を働かせ、政府の計画の先に見える生活像をわかりやすくご説明してみたいと思います。

さて――みなさまご承知のように、豊かさを測るモノサシには、「カネ」尺と「ヒマ」尺という二つモノサシがあります。で、この二つのモノサシを組み合わせて使うことで、豊かさの度合いを測ることができる。こころの豊かさなんていうめんどくさいのはちょっと別ですが、数字で表せる豊かさなら、この二つで簡単に測れるというわけですね。

カネもヒマも両方ともゼロの場合。これはおなじみ「貧乏暇なし」の状態。戦後の日本は大半の人がこの状態で、こういう状態にある国を「貧乏暇なし国」と申します。で、その対極に位置するのが、カネもヒマもたっぷりある「金持ち暇あり国」ですね。「貧乏暇なし国」にいた戦後の日本人は、いつの日か「金持ち暇あり国」に行ける日を夢見て、モーレツにがんばったのではないでしょうか。

が、実際には、みんなが「金持ち暇あり」なんてご身分になれるはずがない。一億円の宝くじに連続十回当たるか、ダイアナ妃のようにタマノコシに乗るか、そんなことでもない限り、「金持ち暇あり国」へ行けるものではありません。

となると、残された道は、「貧乏暇なし」と「金持ち暇あり」の中間にある「金持ち暇なし」か「貧乏暇あり」のどちらかだ、ということになります。で、これまでの日本

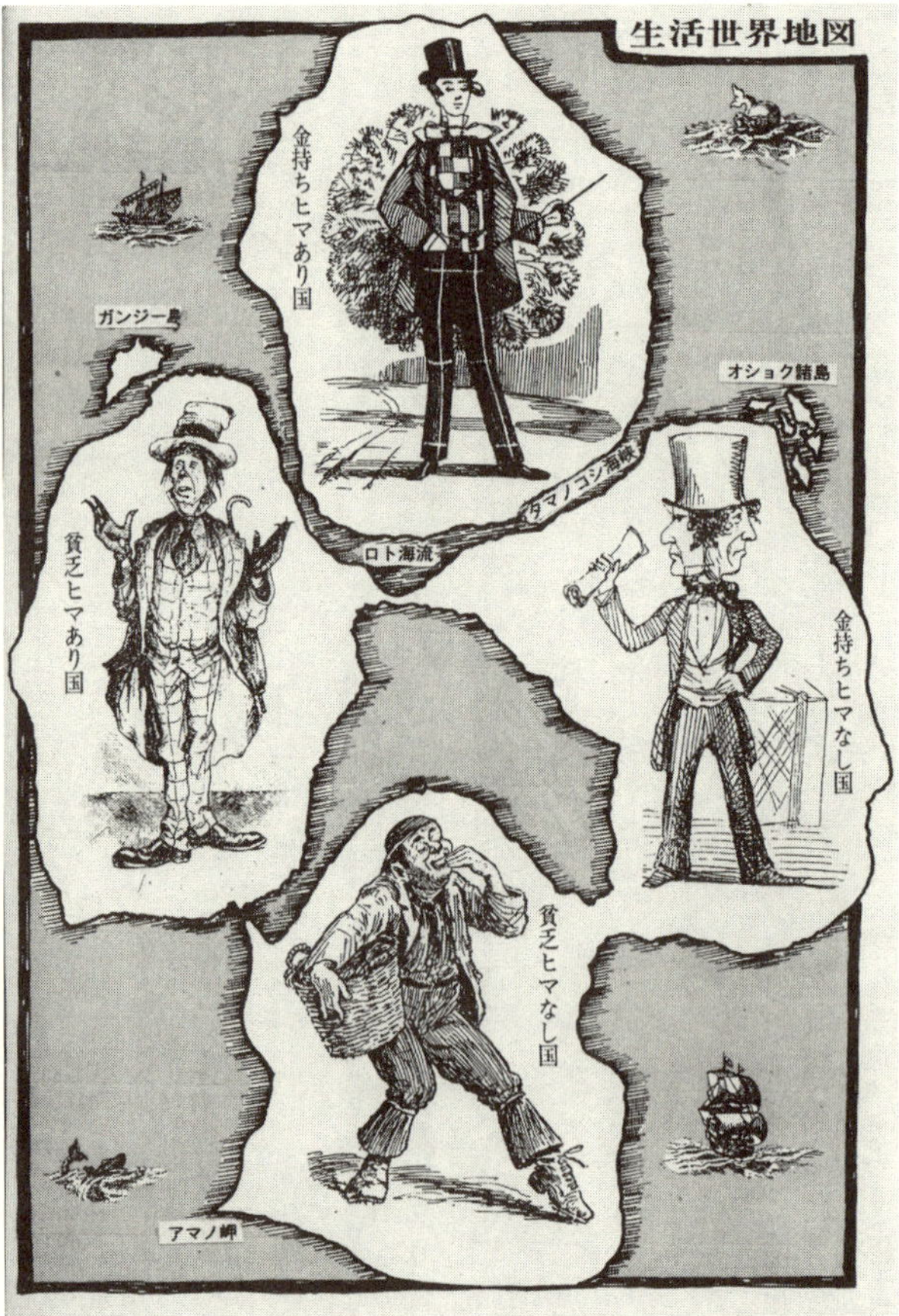

「広告批評」1993年1月号より

人の大半はアメリカさんにならえと「金持ち暇なし」の道を、わき目もふらずに突き進んできたのでした。そしてついに、日本は世界に冠たる「金持ち暇なし国」に成り上がったのであります。（拍手）いえ、こんなところで拍手をしないでください。

たしかに、昔にくらべたら、私たちは豊かになりました。アメリカに次ぐ経済大国になりました。物だけじゃない、金持ちとは言えませんが、小金持ちにはなりました。タンス貯金世界一の国になりました。が、小金はたまったけれど、あまりにもヒマがない。ゆとりがない。目が覚めている間は働いて、カネ勘定ばかりしているような日々になってしまった。おなかはいっぱいなのに、こころはスースーすきま風が吹くような毎日になってしまった。バベルの塔を作った人間のゴーマンさを怒って、神さまが人間の言葉を通じなくさせてしまったように、東京都庁なんてバカ高い建物を建てていい気になっている私たちに神さまがハラを立てて、同じ日本語を使ってもことばが通じ合わないような国にしてしまったんですね。

そんなこんなで、バブルがはじけてみると、「こんなはずじゃなかった」という思いがひろがってきました。「そうだ　京都、行こう。」なんて、ＪＲ東海のＣＭにつられて京都へ忘れものを探しに出かける人たちが列を作るようになりました。〝経済大国行き夢の超特急〟に乗り急いだあまり、何か大切な忘れものをしてきてしまったような気分になってきた。おなかはいっぱいなのに、ハングリーな気分が充満してきたと言っていいでしょう。

となると、次にめざす国は「貧乏暇あり国」しかないということになります。

もう、おわかりですね。この「貧乏暇あり国」こそが、実はいまご案内している「生活大国」のことなのであります。「貧乏暇あり国」では、ミもフタもない、そんな国をめざすなんて言ったら国民にそっぽを向かれてしまうだろう。ここはひとつかっこよくいこうやという宮沢喜一先生のたぶんご発案で「生活大国」と名づけておりますが、その実体は「貧乏暇あり国」以外の何物でもありません。

案の定、こう申し上げると、いやーな顔をなさっている方が、何人かいらっしゃいます。腰を浮かして、帰ろうとしていらっしゃる方も……ちょ、ちょっとお待ちください。貧乏って、そんなにいやーなことでしょうか。

たしかに、戦後の貧乏のつらさは、身にしみています。だれだって二度とあんな体験はしたくない。でも、貧乏と言っても、昔のド貧乏とはわけが違います。あのころとは違って、ガスにしろ電気にしろ道路にしろ、生活の基盤はちゃんとしているし、家の中には電化製品も一応そろっている。ただ、生活費はちょっと切り詰めなきゃならなくなるということだと思ってください。ですから、貧乏というよりはビンボーですね。カタカナのビンボー。

で、そのかわり、ヒマがふえる。これは実は、かなりたくさんの人が望んでいらっしゃることであって、つい最近の世論調査でも、「収入はふえなくても自由時間がふえたほうがいい」という人が、「自由時間はふえなくても収入がふえたほうがいい」という人を、はっきり上まわっていました。ですから、「金持ち暇なし国」から「貧乏暇あり国」への引っ越しは、いまや国民の総意でもあるんですね。

長々と「生活大国」へのご案内をさせていただきましたが、貧乏ということばがどうしてもいやだという方は、「貧乏」を「質素」と言い替えてもけっこうです。とにかく、カネまみれで酸欠状態になっているこの国から、一日も早く引っ越しをしようではありませんか。ご静聴、ありがとうございました。（パラパラと拍手）

「広告批評」がこの特集を組んだ号（九三年一月号）に、当時は日本新党の代表だった細川護熙《もりひろ》さんへのインタビュー記事も載っています。奇《く》しくもこの年に宮沢さんは首相を辞め、細川さんが首相の座につくのですが、細川さんも経済より生活文化を重視する考え方の人でしたから、「生活大国五カ年計画」を、「大国である必要はないけれど」と言いながらもそれなりには評価していました。

その上で、「いまの集権的なシステム自体はそのままにして、つまり、経済大国を作ってきたのと同じ手法で生活大国を作っていこうとしている」ところなどを批判して、こう言っています。

「私の考える〝生活大国〟の具体的なイメージは、一つには、やはり分権的な社会を作っていくということ。民間なり自治体なりに任せられるものは任せてしまう。千代田区はもっと公園を増やそうとか、港区はもっと教育に重点を置こうとか、そういった権限を思いきって渡してしまうことで、区の性格もわかりやすくなって、緑が多いから千代田区に住もうかな、という話になってくるでしょう。いい音楽ホールを作るのか、いい老人ホームを作るのかは、やはり上からの押しつけではなく、その地域で考えるべきことですから」

「あるいは、税制にも問題がありますね。企業でなくっても個人でも、例えば文化団体に寄付をしようと思っても、指定された団体でないと免税にならないし、文化関係の指定された公益法人は五十いくつしかない。これでは話になりません。（……）アメリカでは、年間一兆五千億円も民間からの寄付が集まるといいます。それに比べたら日本の文化庁が文化に投じているのは、たったの五百億円。企業からは五千億円、自治体の文化予算が五千億円くらいですから、全部足してもアメリカの民間からの寄付には満たない」

「その点、フランスの文化大臣であるジャック・ラングさんなんかは『文化は明日の産業だ』というふうに明確な戦略をもって、建築物にしてもオルセーの美術館を作ったり、第二の凱旋門を作ったり、次々といろんなものを作っている。行政として残せるものは文化しかないという思いがあるからできるんでしょうけど、日本はといえば、建設省に行けば、土建屋さんも建築家も一緒くたに廊下に並ばされてる。土建屋さんの後ろで安藤忠雄さんが待たされてるようでは、まだまだ〝文化〟が日本に根づくのは、遠い話のようですね」

たしかに、いまから思えば、この「生活大国五カ年計画」は穴だらけでした。とくに、細川さんも指摘しているように、経済大国を作ってきたやり方と同じやり方で生活大国を作ろうとしているところに難がある。しかし、とつぜん中央集権制を地方分権制にしていこうとしたって、そんな大転換は急には実現できません。いろいろ欠陥はあったにせよ、あの時点で経済大国路線を生活大国路線に切り替えようとしたアイデアそのものは、よかったんじゃないかとぼくはいまも思っています。

が、宮沢さんが失脚し、つづく細川さんも期待されながら途中で辞めてしまい、そのあとはもう、ころころ首相が代わってこの国は何がなんだかわからないハチャメチャ状態になっていく。ただはっきりしたのは、「このままじゃどうにもならない。世の中ひどい酸欠状態でひどいことになっていくばかりじゃないか」という気分でした。

このころ、テレビでは、日清カップヌードルの「ハングリー!?」というCMが大ヒットをしていました。手に手に石の槍を持った原始人の群れが奇声を上げながら巨大なマンモスを追いかけるといったマンガチックな世界を描いたCMのシリーズで、最後に画面にドカンと商品が現れ、「ハングリー!?」という外国人の男の荒々しい声が入る。その「ハングリー!?」という声がかんかんに怒っているようなどなり声だったところが、とても印象的で、気になるCMでした。

なぜって、飽食大国のいまどきの日本にハングリーな人なんかほとんどいない。それなのにこのCMは「ハングリー!?」なんて怒ったように問いかける。このCMを作った大貫《おおぬき》卓也さんに、そのへんのことを聞いてみたら、こんな風に話してくれました。

「いまの日本にハングリーな人はあまりいないけど、この時間にもアフリカのほうでは一日に何人もの人が飢えで死んでる。だから、人類ってレベルで見たら原始時代といまってあまりかわらないいんじゃないかと思うんです。でも、ハングリーなのはアフリカの人たちだけじゃない、日本の若者だって腹はいっぱいかもしれないけど、精神はハングリーじゃないかって聞かれたら、ちゃんと答えられるかどうか。はじめからそんなにはっきり意識していたわけじゃないけど、そういう気持ちはありましたね。ただ、そのためにも、エンターテインメントとして最高のものを作ってやろうという気がはじめからありましたね。面白くなければ、何を言ったって伝わりませんから」

このCMは一九九三年度のカンヌ国際広告祭でグランプリを取りましたが、いまや「ハングリー」は日本だけではなく、資本主義の先進国に共通する大きな〝ビョーキ〟だったということでしょうか。

グローバル化はこわい

ある日、吉本隆明《たかあき》さんの書いたものの中に、こんな一節があるのに出会いました。一九九〇年代半ばのことです。

「（……）資本主義がいま、産業経済学的に消費過剰という段階にきて、どん詰まりのような状態になっているという認識を僕は持っています。所得のうちの五〇パーセント以上を自由な選択に任せられるという、現在の日本人が置かれた状況は、もう資本主義じゃない、何か別の世界であるといわざるをえないです。人々の意識がついていかないために、便宜上、まだ資本主義と言ってはいるけれど、実質はもう違ってしまっています。こういう、なんとも名付けようのない状況のなかで、根本的な価値観の転換を迫るような問題が生じてくるのは至極当然のことです。」（「消費資本主義と日本の政治」『諸

君！』九五年九月号）

敗戦からほぼ七〇年。この七〇年はぼくにとって、三種の神器からディズニーランドまで、ひたすらアメリカを追いかけてきた歳月でした。が、ここにきてアメリカはもう追いかける対象ではなくなった。経済成長によってしゃにむに豊かさを追いかける時代が、完全に終わったと言っていいのでしょう。

メディア状況も変わってきました。マスメディア万能の時代が崩れはじめて、ウェブが頭をもたげてくる。媒体別の広告費も、九〇年代の半ばごろからウェブがどんどん伸びはじめて、以後、ラジオを抜き、雑誌を抜き、新聞を抜き、テレビにせまっていくようになっていきます。それだけ、みんながテレビの画面よりも、パソコンの画面に向かい合う時間のほうが長くなっていったということですね。

この時期、九六年に「広告批評」は通巻二〇〇号を迎えましたが、そこに編集長の島森は、一〇〇号（八七年）からの九年間を振り返ってこう書いています。

「この九年間は、本当にいろんなことがありました。というより、時代がガラガラと音をたてて崩れていく、そんなふうに思えるほど、変化に変化を重ねた九年間でした。

思いつくままに上げてみても、昭和が終わり、ベルリンの壁がこわれ、ソ連が解体し、民族紛争に火がつき、バブルがはじけ、自民党一党支配が（かりそめにも）崩れ、阪神大震災がおこり、オウムの地下鉄サリン事件に続いて、マスコミ狂想曲が連日かきならされた。

バックナンバーをひっくりかえしてみると、『広告王ゴルバチョフ』（冷戦終了?・）に始まり、『CMが消えた二日間』（昭和終わる）、『社会主義ってナンだったの』（ソ連解体）、『生活大国ってナンですか』（バブル崩壊）、『細川護熙の広告的研究』（自民政権倒れる）、『ニッポン再生計画』（戦後五十一年目へ）と、私たちも好むと好まざるとに関わらず、この時代の風を受け、その向こうにあるもののイミとカタチを手さぐりしているのが見てとれます。答えの見えない時代を、とにもかくにも一緒に歩きながら考える、そういう時代の中に、また、広告もあったということになるでしょうか」

こうした中で、ソ連が解体した九一年ごろから、やたらに目に入ってくる言葉がありました。

グローバリズム。グローバル化。
「世界」じゃなくて「地球」という言葉がよく使われるようになったのは、八〇年代のはじめごろからだったでしょうか。『地球の歩き方』(ダイヤモンド社)という海外旅行のガイドブックが話題になったり、環境汚染の問題にからんで「地球にやさしく」なんてスローガンがあらわれたり。「地球市民」なんて言葉が生まれたり。

そのころぼくも「国際人と地球人」なんてコラムを書いたのをおぼえています。

国際人は英語がぺらぺらしゃべれて、外国へ飛んで向こうのビジネスマンと商談なんかがてきぱきできる人のことで、いまの世の中、そういう当世風の人がはばをきかしているけれど、ぼくは英語なんかしゃべれなくても、どんどん国外へ行って向こうの人たちとすぐ仲よくなっちゃうような地球人のほうが好きだ、といったような話です。国際人はネクタイをしめているけど、地球人はジーパンをはいているので、会えばすぐ見分けがつくなんてばかなことを書いたのをおぼえています。

もっと古くは、六〇年代にマクルーハンさんは、「電子機器の普及で地球はどんどん縮小し、国境の壁やナショナリズムはどんどん壊れて、地球は小さな村になる」という意味のことを言いましたが、そこで出てくる「地球村」という言葉も新鮮でした。たしかにテレビの普及は、その後のオリンピックを、それまでの国別メダル獲得競争の場から、地球村の運動会に変えた。国家よりも個人が主役になったとぼくは思っています。

が、九〇年代にしゃしゃり出てきた「グローバル化」は、そういうものとはかなり違う。地球レベルでの市場の単一化ということだったんですね。つまり、アメリカ式の大量生産・大量消費の市場を中国やインドや東南アジアや、最終的にはアフリカにまで広げていこうということです。

それは、マクルーハンさんの地球村のイメージとは違います。マクルーハンさんの場合は、一つの村になっても、アメリカとか日本といった地域に固有の文化までなくなってしまうというイメージではありませんでした。が、グローバル化の場合は、巨大なブルドーザーを使って、地球を単一市場というノッペラボーなものにする。そうすれば、経済成長の線路はまだまだつづく。大量生産・大量消費の歯車は一瞬もとまることなく回り続けるというわけです。田中角栄さんがやった「日本列島改造」の地球版みたいなもんですが、スケールはまったく違いますね。

これには、反対をする声もかなりありました。が、これも強引に、ある意味では暴力的にすすめられていきます。たしかに、どこの国の人だって、電気洗濯機や電気掃除機や電気冷蔵庫やカラーテレビがあったほうがいいと思うでしょう。クルマだって、あれば便利に違いありません。が、それぞれの国の生活文化との調和を、それぞれの国と話し合いながら商品を輸出していくなんてことはありえません。先進工業国が激しい競争を演じながら自国の商品を強引に売り込むことになる。その結果は、途上国を荒れ地にするだけじゃない、エネルギー問題や環境問題を深刻化させることにもなるでしょう。

自分たちだけいい思いをしておいて、途上国の邪魔をするのはけしからんという声もあります。が、「いい思い」をした結果がどうなっているか。それを考えたら、強引なグローバル化に反対する人が出るのは当然のことでしょう。

さようなら経済大国

二〇世紀が終わりました。

振り返れば二〇世紀は、戦争の世紀でした。この一〇〇年の間に戦争で命を失った人の数は、一世紀から一九世紀までの一九〇〇年の間に戦争で死んだ人の数をはるかに上回っているんじゃないでしょうか。第二次世界大戦だけでも、四〇〇〇万の人が死んだと言われているんですから。

原子爆弾を作り、テレビやコンピューターを生み出し、月まで人間を飛ばした二〇世紀はまた、科学の世紀でもありました。人間の移動速度が飛躍的に速まり、生産や生活の効率化が進み、医学の進歩で人びとの平均寿命がぐんと延びました。

そして、大衆の世紀でした。大衆消費社会が成立し、マスメディアが発達し、大量生産と大量消費をつなぐものとして広告が大きな役割を果たしました。

人類史の上で、この世紀は、あらゆる面での変化が、これでもかこれでもかと劇的に起こった特異な世紀であり、よくも悪くもめくるめく世紀だったと言えそうです。

プラスが大きかったぶん、マイナスも大きかった。

石炭や石油といったエネルギー資源を使いたい放題使って快適さを手に入れたのはいい

が、そのぶん自然を破壊し大気を汚して、生存の条件を危うくするような愚行もやってしまったんですね。二〇世紀が残したそんな繁栄のツケを、どう払っていくか。そんな大きな問題をかかえて、二一世紀がはじまったと言っていいでしょう。

新世紀が始まって早々の大事件と言えば、二〇〇一年九月一一日のアメリカ同時多発テロ事件です。それがアフガニスタン紛争を引き起こし、イラク戦争へと飛び火していくのですが、そんな時代の暗い雲をなんとか払ってくれたのは、二〇〇九年のオバマ大統領の登場でした。ブッシュさんからオバマさんに代わることで、世界も少しは変わっていくんじゃないか。そんな気分になったものです。

とくに、大統領選挙の予備選挙でオバマさんが、テレビCMを主体に選挙戦を戦っているヒラリー・クリントンさんを、独創的なインターネット作戦で破ったというニュースが、「広告批評」をやっていたぼくらには大きな驚きでした。広告も本当に新しい時代になったなという実感を持ったものです。

その年の四月号で、「広告批評」は三〇年間の幕を下ろしました。二〇世紀最後の号を出すあたりから、マスメディア広告万能の時代はもう終わったし、ぼくらの雑誌もそろそろ終えていいころだなと、長年がんばってくれた編集長の島森と話し合っていたのです。

「30年間ありがとうございました。」

最終号の表紙は、白地に黒の文字でそう書きました。

「おつかれさん」

「面白かったよ」

それが、店じまいをしたときのぼくと島森編集長の会話でした。


二〇一一年三月一一日、東日本大震災が起こり、東北地方の太平洋岸に大津波が襲いました。多くの人命を奪い、家屋を瓦礫にしただけではありません、福島第一原発の事故をも引き起こす大惨事になりました。

それは巨大な災害が起きたということにとどまらず、長い間の惰性的な眠りから日本人を揺り起こすことにもなりました。「日本の復興」とか「日本の再生」という言葉が飛び交い、災害地の復旧だけにとどまらず、日本そのものを再生する契機にしていかなければならないという思いが、日本中をかけめぐったように思います。

「大きな災害や事故が起きると、すべてを新しく創造的な方法で考え直すことのできるスペースが生まれる。いま日本はまさにその時だが、もたもたしていると、そのスペースはまた閉じてしまう」（アメリカの歴史家ジョン・ダワーさん／朝日新聞）

災害後に海外から日本に寄せられたこうした言葉が、日本人を大いに励ましてくれましたが、果たしてその〝スペース〟からどんなものが生まれてきたか、災害から丸二年を過ぎたいまも、それほどたしかな動きは見えてきていない。それどころか、その後の自民党政権のやり方を見ていると、福島第一原発のあれほどひどい事故があったのに、その処理も思うようにいかないうちから、ほかの地域で休止している原発の再稼働を進めようとするような、ひどいやり方をしています。まるでダワーさんの言う〝スペース〟を早く閉じようとしているというか、3・11以後の日本を考えていこうというんじゃなく、3・11以前の日本を再生しようとしているんじゃないかといった感じですね。

しかし、その一方で「脱成長」とか「成熟社会」といった言葉もはっきり聞こえてくるようになりました。経済成長をしつこく追いかける社会から脱出して、次元の違う新しい世の中を作り出していこう、というアイデアです。「生活大国」のツアーガイドが言っていた「貧乏暇あり国」にも、それはイメージとして重なるものがあると言っていいように思います。

「成熟社会」については、はるかに早く一九七〇年代のはじめに、物理学者でノーベル賞受賞者のデニス・ガボールさんが『成熟社会―新しい文明の選択』（林雄二郎訳／講談社）という著作を発表しました。この本の中でガボールさんはこう言っています。

「富がたえず増加しつづけてきた過去四分の一世紀の間、ほとんどの人々は指数関数的成長は無限にはつづけられないという、この明らかな事実を直視する勇気がなかった。」

そして、成長社会は否応なく成熟社会へ移行していくとガボールさんは言い、「成熟社会」の姿を具体的に描きました。

「成熟社会とは、人口および物質的消費の成長はあきらめても、生活の質を成長させることはあきらめない世界であり、物質文明の高い水準にある平和なかつ人類（homo sapiense）の性質と両立しうる世界である。」

と、この本の中で、ガボールさんは成熟社会を定義しています。

もう一つの「脱成長」も、いまに始まったことじゃない、早くから言われてきたことではあります。たとえば、経済成長の指標であるGNPについて、七〇年代のはじめにE・F・シューマッハーさんはこう言っています。

「経済活動のうちでマネー・フローの管理に関しては、それなりの技術的な理由もあって、GNPの概念はきわめて便利である。だが、なんらかの業績を測る尺度としてはまったく無意味である。それは、純粋に数量的な概念である。統計は正確でなくてもよいけれども、しかし、それは有意義でなければならない。私はつねづね、数字というものは人がそれをして語らしめないかぎり、なんの意味も持ちえないと考えている。」

「それにしても、『成長は善である』とはなんたる言い草か。私の子供たちが成長するのなら至極結構であろうが、この私がいま突然、成長し始めようものなら、それはもう悲劇である。」

「そこで質的な区別が大きくものをいう。あらゆる要因をただ見境いなく加算するよりも、質的な区別のほうがはるかに大切である。(……)リンゴの数と、テレビの前で過ごした夜の時間を足してみても無意味である。(……)問題は、生活の質であって量ではないからだ。ところが、本来、純粋に量的概念でしかないGNPは、いかにして生活の質を高めるかという本質を避けて通るのである。」

シューマッハーさんが、早い時期から熱心に提唱してきたのは、「身の丈サイズのテクノロジー」です。二〇世紀のテクノロジーは、ひたすら巨大化し、複雑化し、資本集約化し、そしてあらゆる意味で暴力化してきた。人間の身の丈をこえて御しきれない化け物になってしまったそんなテクノロジーを、もう一度、人間の身の丈に合ったものにできないものか。私たちがいま持っている知識と技術を活用すれば、とことん単純化されたテクノロジーと、ごくわずかな初期資本と、ごく平凡な人たちの手で、生命にあふれた生産活動ができるはずだというのが、シューマッハーさんの主張であり、またそのためのさまざまな実験を行ってもきたのでした。

当時では、こうした主張や試みはとかく浮世離れしたものと見られがちでしたが、先ごろまでNHKの広島放送局が制作していた「里山資本主義」というシリーズ番組などは、シューマッハーさんの試みに通じるところがあるように思います。藻谷浩介《もたにこうすけ》さん（日本総合研究所調査部主任研究員）をホストに西日本の各地を訪れてつくられ、後に単行本にもなったこの番組は、マネー資本主義と決別し、身近な里山にあるものを資本とする新しいライフスタイルを考えようといった趣旨でつくられていました。こうした試みは、テレビ番組の上だけでなく、実際にあちこちで動きはじめているようです。

こうした「脱成長」の動きは、二一世紀に入って次第に大きなうねりになってきましたが、その論客の急先鋒《きゅうせんぽう》になっているのは、フランスの経済哲学者、セルジュ・ラトゥーシュさんです。

「いまの消費社会は、成長経済によって支えられているが、その成長は人間のニーズを満たすための成長ではなく、成長をとめないための成長だ」

という彼の指摘は、七〇年代以降の日本にもそのまま当てはまります。とくに八〇年代に入ると、「ほしいものなんて特にない」という若者がふえてきます。「ほしいものが、ほしいわ。」という八八年の西武百貨店の広告は、そんな欲望の飽和した社会の空気をみごとに映しとっていました。

「ほしいものはいつでも
あるんだけれどない
ほしいものはいつでも

ないんだけれどある
ほんとうにほしいものがあると
それだけはほしいとおもう
ほしいものが、ほしいわ。」

というボディコピーと、若い男女がキスをしようとしているアップの映像を見ると、単純にほしいものがないと言っているわけじゃなく、自分が本当にほしいものは何かを見つけようという呼びかけだとわかりますが、それを「もうほしいものがなくなった」という消費社会の現象と重ね合わせていることも確かでしょう。

大量生産と大量消費の歯車を回し続けるためには、何がなんでも消費者の「ほしいもの」を次々に作り出さなければなりません。それがもう、どうにもならないところまできてしまったということですね。

成熟社会への引っ越し

「それなのに」とラトゥーシュさんは言います。

「この有限な惑星でかぎりなき成長がいつまでもつづくと信じているのは、単なる馬鹿とエセエコノミストだけだ。が、困ったことにいまは、エセエコノミストと馬鹿ばかりの世界になっている」

さらにラトゥーシュさんはこうも言っています。

「もし幸福が消費の度合いによって決まるものなら、われわれはすでに十分幸福なはずです。マルクスの時代にくらべて二六倍も消費しているのですから。しかし、人びとがその頃よりも二六倍幸福だと感じていることを示す調査結果は皆無です」

たしかに、次頁別表のように、経済成長は必ずしも生活の満足度とは結びつかない。それどころか、日本の場合（図Ⅰ）もアメリカの場合（図Ⅱ）も、経済が成長すればするほど、生活の満足度が低下する傾向にあります。

ぼくらのしあわせ感が経済成長と比例してふえていくのなら、まだいいでしょう。が、比例するどころか、実感としても反比例しています。小金がたまったぶん世の中の空気は酸欠状態になって、街を行く人たちは汚れた水の中の金魚みたいに、口をぱくぱくさせて

図Ⅰ．日本人の生活満足度および1人あたりGDPの推移

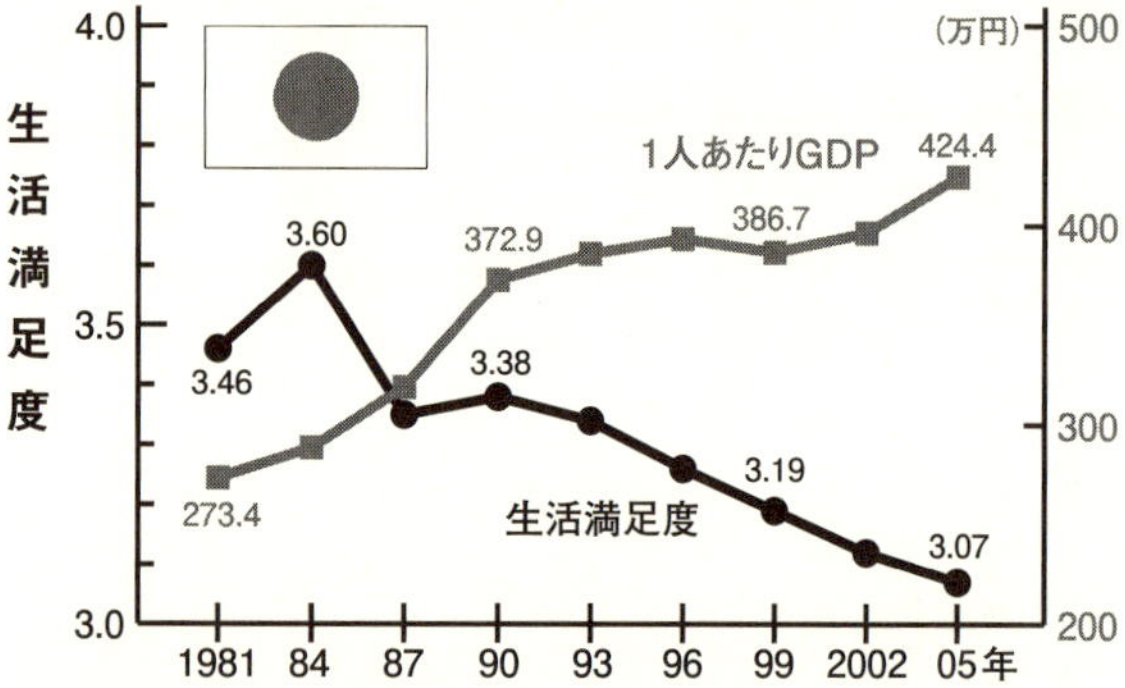

※内閣府「国民生活選好度調査」、「国民経済計算確報」(1993年以前は平成14年確報、1996年以降は平成18年確報)、総務省「人口推計」により作成。
※生活満足度は、「あなたは生活全般に満足していますか。それとも不満ですか」と尋ねて「満足している」から「不満である」までの5段階の回答に、「満足している」＝5から、「不満である」＝1までの得点を与え、各項目ごとに回答者数で加重した平均得点を求め、満足度を指標化した。
※回答者は、全国の15歳以上75歳未満の男女(「わからない」「無回答」を除く)。
(出所) 内閣府『平成20年版国民生活白書』(時事画報社：2009年)

図Ⅱ．アメリカの1人あたりGDPと「幸福度」

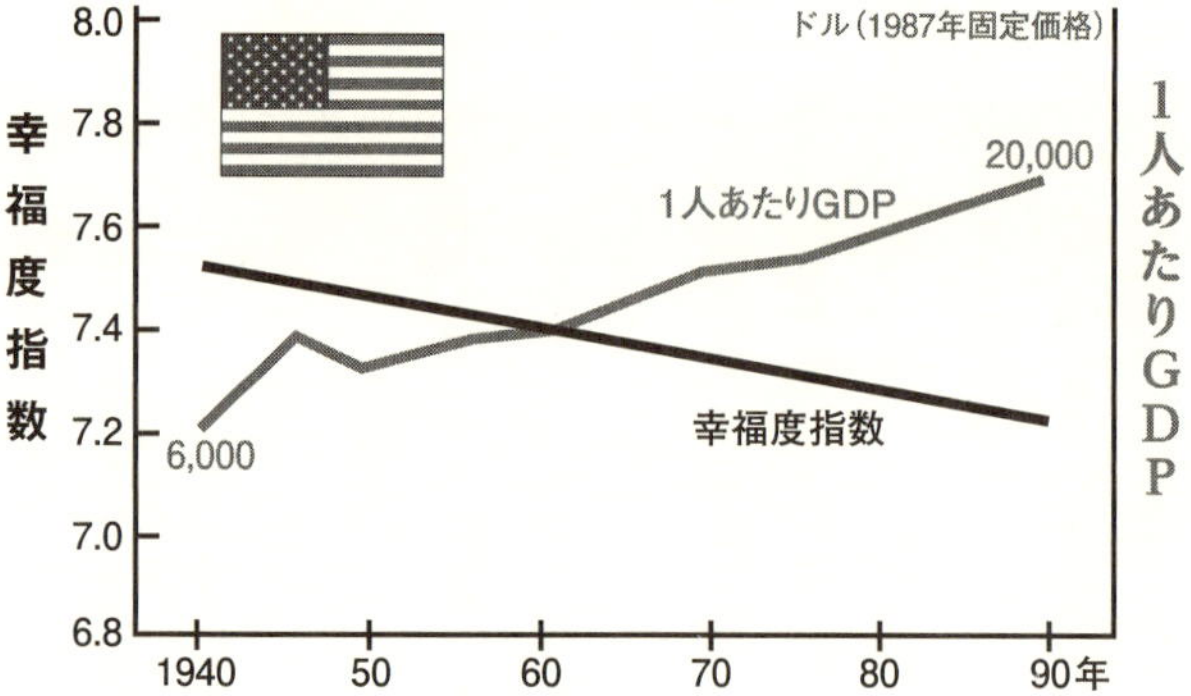

※ U.S.Government Bureau of Economic Analysis.
“Statistical Analysis of the United States 1995”,Washington,D.C. による。“Very happy” 指数を縦軸にとった。
(出所) R.E.Lane,The Loss of Happiness in Market Democracies,Yale University Press,2000. P.5.
図版制作：金城秀明

歩いている。人殺しがふえ、いじめがふえ、自殺がふえ、なんだかみんな目つきが悪くなったと思いませんか。

もちろん、世の中が悪くなったのは、すべて経済成長のせいだとは言えません。が、たとえば、『宮本常一《みやもとつねいち》が撮った昭和の情景』（上下巻／毎日新聞社）という写真集を見てください。すぐれた民俗学者の宮本さんが、一九五五年から一九八〇年までの二五年間に、全国をくまなく歩いて庶民の暮らしを撮り続けた一〇万点あまりの写真から、八五〇点を上下二冊におさめたこの写真集を見ていると、あきらかにいまのぼくたちとは目の光が違うことに気づくはずです。

それが、プロの写真家ではなく、あくまで民俗学者の目に映った人びとの姿であるだけに、つまり、何かを訴えようとする写真ではなく、あくまで即物的な写真であるだけに、ぼくらに訴える力が大きい。写真の中の人たちを見ているうちに、逆にぼくは写真の中の人たちに見られているような気持ちになりました。写真の中の人たちに、「しあわせですか」と聞かれているように思えてきたのです。

経済成長のおかげで、ぼくたちはいろんなものをふやしてきました。足し算の数十年間でした、が、足し算の時代はもう終わった。ラトゥーシュさんは「脱成長」とは何かを、こう表現しています。

「脱成長のエッセンスは一言で言い表せます。『減らす』です。ゴミを減らす。環境に残すわれわれの痕跡を減らす。過剰生産を減らす。過剰消費を減らす」

明快ですね。「ゴミを減らす」で思い出しましたが、過剰社会から出る大量の廃棄物を、ぼくたちはアフリカのガーナのような第三世界の国に捨てている。これは見逃せない大きな問題です。

第一章で紹介したドキュメンタリー番組の最後には、計画的廃品化から生まれたパソコンやテレビや、さまざまな電子部品が、ガーナの村の近くに山のように積み上げられている映像が出てきます。

ナレーションによると、こうした電子廃棄物を第三世界の国に輸送するのは国際法で禁じられているのですが、ヤミ業者たちは単純なトリックを使って、この法の網をすり抜けている。それは、不法投棄物を「廃品」としてではなく「中古品」として申告しているのですね。

もちろん、中には修理すればまだ使えるような中古品も少し交ざっています。業者たちはそれをコンテナの前面に並べて税関の検査官をごまかし、まんまと荷揚げに成功してしまう。そして修理できるものは修理して販売し、全体の八割近い修理不能の廃棄物がガーナの各地のゴミ捨て場に運ばれるということです。

ドキュメンタリーの画面には、アグボゴブロシというゴミ捨て場になっている村が出てきます。昔はここにはきれいな川が流れていて、子どもたちが釣りをしたりサッカーをしたりして遊んだものだったと、ナレーションは語ります。いまも子どもたちはここにやってきますが、それは遊びにくるのではない、くず鉄を拾って業者に買ってもらうためにやってくるのです。くず鉄拾いで手を切ったり、汚染物のせいで咳が止まらない病気になったり、子どもたちの被害が後を絶たないと、ナレーションは言っていました。

それにしても、成長経済の仕組みにとりこまれてきたぼくたちが、はたして「脱成長」なんてできるのかどうか。反対する人の中には「石器時代に戻ろうと言うのか」といった極端な批判も出てきているようです。

ぼくの素朴な感じでは、石器時代なんてことはない、江戸時代じゃないか、という気がして、それなら大いに結構じゃないかと思うのですが、脱成長の道は「成熟社会」への道だと見る人たちに言わせれば、それは時代を戻すんじゃない、前へ進めるんだということになる。その中でも、浜矩子さんの言う「成熟社会」のイメージは、とてもわかりやすくて説得的な感じがぼくはしています。ちょっと長くなりますが、朝日新聞社などが主催したシンポジウム「グローバル時代に日本が生き残る道」で浜さんがなさったという基調講演の要旨をご紹介しましょう。

（かつての日本は）欧米諸国から「エコノミックアニマル」と言われました。そのころの日本経済は「フローはあるが、ストックがない」とも言われていました。平たく言えば、フローは「勢い」、ストックは「蓄え」です。勢いは「経済成長率」「経済成長力」、蓄えは「富」「資産」と言い換えてもいいと思います。

（……）（あのころから見ると）確かに、いまの日本に勢いはなくなっている。しかし、蓄えは世界で最大規模に到達しました。交通網の充実ぶりなど、生活インフラのレベルの高さを見ても、成熟度はすさまじい。

ここまで成熟した日本が、経済規模において中国に抜かれて2位から3位になるのは当たり前です。成熟を受け止めて、それにふさわしい展開を考えていく必要があります。（……）私はこれを老楽《おいらく》国家と名付けたい。「老いは楽し」という精神性の中で成り立つ国家です。成熟度を上手に受け止め、生かし、展開する。老楽国家を成り立たせる概念は二つあると思います。一つ目は「シェアからシェアへ」、二つ目は「多様性、まさにダイバーシティーと包摂性の出あい」。包摂性は包容力と言っても良いでしょう。

シェアという言葉で、一定の年齢より上の世代の人に思い浮かぶのは「市場占有率」になると思います。（……）

シェアには、これと相反する意味もあります。友だちとご飯をたくさん注文してシェアするというときの「分かち合い」です。老楽国家では、奪い合いのシェアから、分かち合いのシェアへの切り替えが必要です。

「多様性と包摂性の出あい」は、頭の中に座標平面をイメージしてください。縦軸が包摂性で、上に行くほど包摂性が高い。横軸が多様性で、右に行くほど多様性が高くなります。包摂性も多様性も高い、右上の第1象限が理想郷です。我々はそこに行きたいのです。

グローバル時代に、ここまで成熟した経済社会は日本しかない。（……）我々はグローバル時代という舞台で老楽国家の華麗な姿を見せることができる。

（朝日新聞二〇一二年一一月二四日掲載）

こういう話を聞いていると、未来は決して暗くない。暗いと感じるのは、いままでぼくたちが五〇〇ワットの電球をつけて暮らしていて、それがふつうだと馴らされていたからで、これからはその電球一〇〇ワットのＬＥＤ電球に替えてみようよ、というような話なんですね。

といっても、経済大国から浜さんの言うような「老楽国家」に引っ越すのは、それなりに時間がかかる。とくに、経済大国にしがみついて、重度の〝成長病〟にかかっている政治家や経済人をその気にさせるには、時間がかかるかも知れません。が、行き先は、そこしかない。そう思って、いまから引っ越しの準備だけはしておきたいもんです。

エピローグ　新しい時代への旅

くたばれ中央集権

一九五二年の三月に、ぼくは四国の松山から東京に出てきました。もともとは東京の千住というところの小さな酒屋で生まれ育った下町のワルガキだったのですが、家が戦災で焼かれ、戦後、命からがらビルマ（現ミャンマー）から敗残兵として帰ってきた父親はすっかりヤル気をなくしていて、父の故郷の松山へ一家で引っ越すことになったのです。

ぼくは東京の中学から松山中学の二年に編入試験を受けて転校したのですが、それから五年間の松山生活で、ぼくはかなり洗脳されました。何しろここは〝俳句のふるさと〟で、町じゅうに子規さんや高浜虚子《きよし》さんや河東碧梧桐《かわひがしへきごとう》さんや中村草田男《くさたお》さんの句碑が建っている。この人たちはみんな松山出身の俳人ですが、ほかにも松山に縁の深かった夏目漱石さんや小林一茶《いっさ》さんや、とにかくいろんな人の句碑があって、句碑とみかんにつまずかずには歩けないといった感じの町でした。

というわけで、下町のワルガキは、なりふりかまわず演劇青年に変身する。なぜ文学青年ではなく演劇青年かというと、子どものころから父親によくつれていってもらった浅草の軽演劇や、父親が持っていた「あきれたぼういず」のレコードが、ぼくの芸術的教養のすべてだったからです。

で、高校の演劇部や地元の自立劇団に入って、勉強よりも芝居に熱中していたのですが、そこで安西徹雄君という同じ歳の若者と知り合いました。彼はのちに上智大学の教授として、シェイクスピア学者として、また劇団「円」の顧問演出家として、大いに活躍した人ですが、ぼくが高校を終えて東京へ行く前夜、近くの川の土手にすわって、「なぜ松山では演劇が仕事として成り立たないのか」「何か面白いことをやりたいと思ったら、なぜ東京へ行かなければできないのか」といったことを夜中まで延々話し合ったのを、いまもはっきりおぼえています。

つまり、文化の中央集権体制が、しんそこ憎らしかったんですね。「イギリスではロンドンだけでなく、アイルランドでイエーツやシングたちがすぐれて個性的な演劇活動を成り立たせているのに」と高邁《こうまい》なことを言う彼に、ぼくは「大阪に曾我廼家五郎《そがのやごろう》一座はあるけどな」なんて応じるのが精いっぱいでしたが、とにかくいまの日本は文化劣国だと大いにいきまいたものです。

いまはその事情が、少しは変わりました。が、政治経済から芸術芸能まで、すべてが一極集中の中央集権体制は強固にできあがっている。ぼくのような世代の人間は、それが当たり前のことのようになってしまっていて、それを壊すことなどしょせんできないと思いこんでしまいがちですが、これからの日本を考えていくときには、そうすることはなんとしても必要な条件になるんじゃないでしょうか。

「地方分権」という言い方も、ちょっと気になる。だいたい「地方」というのは「中央」の対置語ですね。中央があるから地方がある。地方は中央の下位概念です。民放の地方局がいい例です。あれはほとんどが、中央のキー局の子分みたいになっています。あるキー局に系列局の女子アナが集まって歌をうたったりする番組がありますよね。あれを見ていると、女子アナが全員同じような顔で、同じような言葉を、同じような調子でしゃべっていることにびっくりする。それぞれの地域の匂いがまったくしてこないんです。

これが文化の中央集権体制が生んでいることの縮図です。どうしてこうなるか。「地方」だからです。「地域」にしなきゃだめなんです。「地域」の上位概念はありません。しいて言えば「全土」でしょう。

そんな地域分権下の日本の再生イメージは、多くの専門家が書かれているので、ぼくは余計なことを言うつもりはありませんが、広井良典さんの『人口減少社会という希望――コミュニティ経済の生成と地球倫理』（朝日選書）のような本を読むと、自分の頭の固さをもみほぐしてくれるようで、たいへん気持ちがいい。「ポスト成長時代の価値と幸福」「ローカル化が日本を救う」「緑の福祉国家あるいはエコソーシャルな資本主義」などなど、グローバル化の先にあるものが生き生きと見えてくるような気がします。

経済のローカル化を実際に進めている人たちもふえてきた。イギリスの「トランジションタウン運動」の提唱者、ロブ・ホプキンスさんが、朝日新聞でこんな話をしているのを読みました。

「私は2005年から英南西部デボン州のトットネスという人口8千人足らずの町で、『トランジションタウン』という実験を進めている。合言葉は『レジリエンス』（復元力）。経済危機や自然災害に直面してもパニックに陥らず、地域ぐるみで暮らしを守り、取り戻す底力を養う運動だ。

柱の一つは、経済の『再ローカル化』。地元で生産、消費される食料の割合を引き上げたり、地域の経済を支える地域通貨を流通させたり。太陽光発電などの普及によってエネルギーの自給率を高める活動も実践してきた。環境保護にもつながるが、目指すのは、むしろ地域の力の強化である。（……）『トランジションタウン』は発足から数年で、日本を含む34カ国に広がり、1千を超える町で様々な実験がおこなわれている。成功例をネット上で公開し、それぞれの地域が自由に採用できる、開かれた運動を心がけてきた結果だ。」

こうした時代には、企業もまた変わっていかざるをえません。とりわけ巨大企業は、経済のローカル化に、どう対応するか。それはもう将来の問題というより目の前の問題でしょう。中には、その対応をまじめに考えている企業もあるでしょうが、経団連のおえら方なんかをテレビで見ていると、こういう人たちにどこまで言葉が通じるのか、わからなくなってきます。

あるいは、福島での東京電力の対応。池澤夏樹《いけざわなつき》さんが、「よくもまああれほどぬけぬけと嘘《うそ》をつき、白を切り、ごまかし、隠し、払うべき額を値切れるものだ」とあきれ果てていましたが、とても人間のやることとは思えません。でも、池澤さんも言っていましたが、あれは人間じゃないんですね。人間だと思うからいけない。〝法人〟なんです。

昔の法人は、人間の顔をしていました。ヘンリー・フォードさんも、「ビジネスとは、私たちが住んでいるこの世界を、生きるに値する楽しい場所にしていくためにある」と言っていました。が、お金を儲け、組織が大きくなるにつれて、企業の顔はノッペラボーなお面みたいな顔になっていく。で、世間の人間を人間と見なくなっていく。〝数字〟とか〝お金〟としか見なくなっていく。

昔、建築家の菊竹清訓《きくたけきよのり》さんが、クリエイティブな組織を作ろうと思ったらメンバーは一五人までにしなくちゃだめだ、と言っていたことがあります。一五人までなら顔が見えるけれど、それ以上になったら顔が見えなくなるというんです。「うち（広告批評）は一一人です」と言ったら、「それはいいね」と笑っていました。

これも昔、大橋巨泉さんが、テレビが一〇〇万台をこえたら、視聴者の顔が見えなくなった、と言いました。テレビも初期のうちは、家でテレビを見ている人たちの顔が、はっきり見えたそうです。

法人もおなじですね。社員が何万人になんてなったら、まったく顔が見えない。ただの数字になってしまう。社員の首をいっぺんに何千人も斬れるというのは、一人ひとりの顔が見えていたらできるもんじゃない、ノッペラボーの数字だからできるんじゃないでしょうか。

でも、そんな企業ばかりではないと、ぼくは思っています。数は少ないけれど、実際にそうじゃない経営者も知っています。

広告はどうなる

一九六九年に、すぐれたクリエイティブで知られるＤＤＢがこんな広告を出しました。そう、フォルクスワーゲンの広告などで有名なあの広告代理店です。

DO THIS OR DIE.（これをするか、さもなくば死になさい）

「DO OR DIE」という言葉には、「角番」とか「死ぬ気でやる」といった意味もあるようで、これも「こうするっきゃない」といったニュアンスがあるんでしょうが、とにかく「これをやらないなら死ぬまでだ」とは、きついキャッチフレーズですね。

この広告は、自分たち広告業界に向けたカタチの広告なんですが、「これをするか」の「これ」ってなんだろう。だれだって続きが読みたくなりますよね。全文を訳すと長くなるので要点をかいつまんで言うと、こうなります。

私たち広告の作り手は、広告で人びとをひっかけることができると思いこんできた。だが、それはとんでもない間違いだ。私たちは、いついかなる時でも、いついかなる人をもだますことなどできない。この国は、知的水準の高い国だ。それなのにほとんどの広告は、知的な人びとを無視してきた。その結果として、いまやほとんどの広告は知的な人たちに無視されているのだ。

広告だけじゃない。ほとんどの製品も、これといった特長もなく、また改良の努力も怠っている。こんなことを続けていたら、私たちは早晩、死ななければならないだろう。

もしいま、広告づくりや製品づくりのあり方を思いっきり改革しなければ、そのうちに消費者の無関心という大波が、私たちが作りだしているタワゴトの山に襲いかかる。その日こそ、私たちの最後の日だ。

その日、私たちは私たちの市場で死ぬ。私たちの製品棚の上で。空虚な約束を記したメッセージの中で。物音もなく、すすり泣きもされず。

しかしそれは、私たち自身の汚い手が引き起こしたことなのだ。

きつい広告ですが、当然これは、私たちはここまで考えているという意味で、自分の会社の広告になっているんですね。でも、それだけじゃない。生活革新のエネルギーにあふれていた初期の時代を終え、計画的廃品化や表現の差異化を重ねに重ねることで次第に失速し、いまや息も絶え絶えになっているマーケティングや広告の世界の、これは正直な悲鳴でもあると言っていいでしょう。

六〇年代の終わりに、アメリカはそこまできていたわけですが、日本でも八〇年代にはおなじような事態になってきます。一見にぎやかで、はなやかで、消費文化を謳歌《おうか》しているように見えて、実は製品づくりも広告づくりも目先を変えるだけの袋小路に入っていました。

もちろん、そんな中でも、すぐれた広告は出ています。が、そのほとんどは、商品の効用を語るというよりも、商品の向こうに見える風景——世間のこわばった常識や時代の歪みをコミックに写しとるとか、物売り芸の新しい手を見せるといったようなものが多い。それはそれで、広告のジャーナリスティックな一面を見せて面白いのですが、そういう広告は広告全体の一％くらいで、九九％はＤＤＢが嘆いてみせた広告だと言っていいでしょう。

そんな華麗に見えて空虚な広告がマスメディアにあふれる姿を、オリビエーロ・トスカーニさんは痛烈に皮肉った本を書きました。

『広告は私たちに微笑みかける死体』（紀伊國屋書店）

広告は遠目には愛想のいい微笑を浮かべているけれど、そばに寄るとみんな微笑を浮かべたまま死んでいる死体だ、という。ＤＤＢはこのままだと「やがて死ぬ」と言いましたが、トスカーニさんは「もう死んでいる」というわけです。

この人は、九〇年代の後半に、ベネトンの広告を作ったクリエイターですが、そのカゲキさで世界中をあっと言わせました。臨終のエイズ患者が家族に見守られながらベッドに横たわっている写真とか、ボスニアで戦死した若者の血染めのTシャツの写真とか、黒人の女性が白人の赤ん坊に黒い乳房をふくませている写真とか、彼の作る広告は、ショッキングな写真（主に報道写真）がどんと大きく載っているだけ。そこに、ベネトンのロゴが刷られている以外は、コピーもないものがほとんどでした。つまり、あまりにも浮世ばなれして息をとめてしまっている広告の文脈の中に、なまぐさい報道写真を強引にもちこんでくることで、広告に息を吹きこもうとする手法と言ったらいいでしょう。

その広告の主張は、そのままベネトンという企業の主張でもあるというわけですが、このやり方には共感する人もいれば否定する人も多かった。広告にジャーナリズムとしての血を取り戻そうとする点ではぼくは評価したのですが、そこまでカゲキな表現をとることがどうか、疑問に感じた面もあります。が、評価はともあれ、「広告は私たちに微笑みかける死体」という言葉には共感した、というより、せざるをえませんでした。

明治期の広告は、嘘八百でした。嘘の博覧会でした。

「頭脳の不完全なるものは馬鹿であります。快脳丸」

「男女色を白く艶を出す天女の乳」

「子を持つ親、病人ある家人は必ず読め。ね小便袋」

「うそと思ふて使用してきゝめが有て今更に願ひ叶ひし嬉しさに恥かしながら御礼申上候と徳川家某子より其他礼状沢山あり。いもりの黒焼」

といった調子ですが、嘘は嘘でもかなりおおらかなものがありました。人びとも〝話半分〟と受け取っていたんじゃないでしょうか。

それが大正期も末になると、うんと変わってきます。

「君子危うきに近寄った。花柳病にホシサンテ」

「一滴美味、一杯爽快、一壜強壮。カルピス」

「なんとまアおきれいなお歯…と逢ふ人ごとにほめられて、スモカ使うの　わたしもういやッ!。スモカ歯磨」

「不景気か?　不景気だ!　赤玉ポートワインを飲んでるかネ?　飲んでない!　そうだ

ろう！　赤玉ポートワイン」

　というふうに、商品と広告が、ほどほどに一体化してくる。とくにうしろの二点は、大正から昭和初期にかけて名広告を数多く作った片岡敏郎さんの書いたものですが、このあたりは広告が広告として最も輝いていた時期と言っていいかもしれません。

　そして、戦後。それも七〇年代も後半になり、広告のメディアがテレビ中心になってきたころから、量の増大とともに広告の質もうすっぺらのものが多くなっていきます。たかが歯磨きの広告が、「さわやかな一日をあなたに」とか、「一家そろって健康家族」とか、歯の浮くようなものがやたらに出てくる。テレビの洗礼をうけた視聴者がクールになってきたこともありますが、広告の嘘っぽさにしらける人たちがふえてきました。

　もともと広告は人間の写し絵です。人間がいいところもあればいかがわしいところもあるように、広告にもその両面がある。そんな嘘半分のいいかげんな性格を持っているものなのに、その嘘をまことしやかなことばでまぶせばまぶすほど、広告は息をしなくなっていくものなのですね。その点では、戦後も一貫して嘘半分の面白さを持ちつづけ、人びとをしらけさせずにやってきたのは、キンチョウのような大阪発のＣＭだったかもしれません。

3・11後の広告

「現在の事態は一時の景気後退ではなくて、一つの時代の終焉である」と、シューマッハーさんは言いました。では、次はどういう時代が始まるのか。それは「どういう時代が始まるか」ではなく、「どういう時代を始めるのか」ということでしょう。その時代のカタチによって、広告のカタチもきまってきます。

おそらくは、地域復権や地域コミュニティの成立とともに、全国レベルと同等の比重で地域レベルの広告がクローズアップされてくるようになっていくのではないか。そしてそこでは、ネット広告の働きも大きくなってくるのではないかと思います。前にも言いましたが、メディアも広告も、これまでの中央集権的なカタチから、地域ごとのカタチに変わっていくでしょう。

3・11以後の広告はどう変わったか。いまのところ、そのはっきりした変化は出ていません。が、たとえば、クルマは大型よりも小型が、豪華性能よりもエコ性能が主役になっていくという変化が商品にあらわれ、それが広告にもあらわれてきています。それと同時に、自然の美しさや人間同士の温かいつながりを描くような表現がふえてきました。

もっとも、そうした広告の傾向については、批判的な声もあります。たとえば、フランスの哲学者で、国際プロジェクト「人間性の対話」の共同提唱者であるパトリック・ヴィブレさんはこう言っています。

「本質的には、宣伝広告はわれわれが暮らす消費社会において、慰めの効果をもたらすために機能している。

つまり、われわれが生態系の破壊を行えば行うほど、宣伝広告はよりいっそう、自然とのかかわりのなかにある美しさについて語る。そして、われわれの経済システムとは永続的に矛盾する自然との調和の夢に生きるように仕向けるのである。われわれが他人との競争に身を投じれば投じるほど、宣伝広告はよりいっそう、われわれの仲間関係における調和や、友情、愛情、幸福、平和について夢見させる。われわれが精神的な生活の不在に陥れば陥るほど、宣伝広告はよりいっそう、平穏さや本来あるべき生活を約束しながらわれわれわれを慰める。つまり、宣伝広告の本質は、生きづらさのコントロールを行う癒しの一形態なのである」

しかし、とヴィブレさんは言うのですが、こうした広告はその約束を果たすことができない。つかの間の満足と安堵《あんど》のあとには、失望といらだちが再びやってくるというのです。広告はおいしい生活の夢を見せてくれるけれど、それを実現する上での現実的な障害を取り除いてくれるわけではないので、結果的にはいらだちを倍増させるだけだということでしょう。

このほかにも、宣伝広告の罪についてヴィブレさんは語っていますが、たしかにその批判は当たっている面があると思います。「心と心をつなぐ」だの、「自然とともに生きる」だのと口先で言うだけで、実際は〝生きづらさのコントロールを行う癒しの一形態〟に終わらせるのでなく、メーカーと協力しながら夢を現実化する上での障害を取り除いていくことが、必ずしもできないとは限りません。これからの広告に可能性があるとすれば、夢の現実化のためのアイデアを出したり、実現のために集まった人びとの運動を支援したりするようなところにあるんじゃないでしょうか。

これは決してきれいごとじゃない。メディアの代理店としてスタートした広告代理店が、広告主の代理店を経て、消費者の代理店になっていくということが、ぼくには広告代理店の生きのびる最善の道であるように思えます。そしてまた、すぐれた広告クリエイターのアイデア力は、こういうところでこそ生きてくるように思うのです。

それにしても、3・11以後の広告に、もう少し、新しい動きが出てきてほしいものです。新しい時代の新しい豊かさ。そんな生活イメージの断片を、広告らしい面白さをもって描き出してほしい。一つ一つは小さな断片でも、それがぶつかり合い、重なり合っていくなかから、新しい豊かさの風が吹いてくる、匂いがしてくる、そんなふうになったらいいなと思います。

実体ができてから、広告が作られるだけじゃない。すぐれた広告の持つイメージが企業の経営者や技術者に刺激を与え、そこからすばらしい製品が生まれてきたという例はいくつもあります。

一九七〇年のある日、ぼくは富士ゼロックスの人事部に取材にいきました。その年、富士ゼロックスは「モーレツからビューティフルへ」という広告キャンペーンをやっていて、ヒッピー風の恰好《かっこう》をした加藤和彦さんが、「ビューティフル」と書いた紙を持って街を歩くテレビCMが若者たちの間で評判になっていました。

「あの広告をやってから、入社志望者に何か変化がありますか」と、ぼくは人事部の幹部の方に聞きました。

「変わりましたね。長髪にジーパンで入社試験にくる人もいます」

「でも、そういう人は、やっぱり落とす?」

「いいえ、ああいう広告を見てきてくれたんですから、成績がよければ落としたりはしません」

「でも、入社したら、髪を切らすんじゃないですか」

「いいえ、こっちもああいう広告をしたんですから、そんなことはしません」

と、その人ははっきり言ってから、ちょっと小さな声でこうつけ加えました。

「ただ得意先を訪ねる営業の場合だけは、ちょっと切ってもらいますけど」

おわりに

仕事場の窓から見える風景や、窓ごしに聞こえてくる声を、思い出すままに書いてみたら、こんなふうになりました。一九四〇年代～二〇一〇年代までの、これはぼくの日記みたいなものです。

アメリカの爆撃機が落とす焼夷弾《しょういだん》の中を逃げまわった日々から、アメリカの核の傘の下で過ごしている日々まで、よくも悪くもアメリカと縁の切れない七〇余年でしたが、この間の大きな出来事と言えば、やはり8・15の敗戦と3・11の大災害です。8・15で成長社会が始まり、3・11で成長社会から成熟社会への転換が始まるという、この二つの日付は、ぼくにとってもこの国にとっても大きな転換点になりました。

が、3・11を契機とするこの国の再生は、まだ遅々として進まない。それは災害地の復旧だけでありません。日本そのものの再生も、うやむやになっている。それどころか、いまの政権は、3・11以後の日本の再生ではなく、3・11以前の日本を再生しようとしているように思えます。

　政治家の人たちも、憲法をいじったり原発の再稼働をはかったりするヒマがあったら、経済大国や軍事大国は米さんや中さんにまかせて、新しい日本の国づくりに取り組んでほしいものです。

　三〇年ほど前、哲学者の久野収先生に聞いた話を、いま思い出しています。

　昔の中国の皇帝は、画家や陶芸家の品等を、専門のスタッフと相談してきめたらしい。で、その一等を〝一品〟といった。天下一品なんていう、あの一品ですね。で、以下、二等・三等……ではなく、二品・三品……という呼び方で格付けしたそうです。が、中国の面白いところは、その審査のモノサシでは測れないが、個性的ですぐれていると思われるものは、「絶品」とか「別品」として認めた、というんですね。

　そのときの久野先生によると、

「別品（別嬪《べっぴん》）といったら、いまでは美人のことを指しますが、もともとはちょっと違うようですね。だいたいあれは関西からでてきた言葉でしょう。関西では、芸者と御料人さんとか、正統派の美女に対して、ちょっと別の、声がハスキーだとか、ファニーフェイスだとか、そういう美女を別嬪と呼んだわけですね。ところがいまは俗流化して、別嬪というと美人のことになってしまった。ぼくが言いたいのは、別品とか逸品とか絶品というのは、非主流ではあるけれど、時を経ると、どちらが一位であるかわからないような状況の生じる可能性があるということなんですね」

別品。

いいなあ。経済力にせよ軍事力にせよ、日本は一位とか二位とかを争う野暮な国じゃなくていい。「別品」の国でありたいと思うのです。

あとがき

いびつにふくれあがった二〇世紀文明が、あちこちに歪みが生まれて、ボロボロに壊れてきました。

どういうふうに歪み、どういうふうに壊れてきたか。これは六〇年間、広告という窓から世の中をのぞいてきたぼくの私的な日記みたいなものです。

学者でも研究者でもないぼくには、あまり確かなことは言えませんが、いまはもう経済成長なんかにしがみついているときじゃない。原発の輸出で食いつなごうなんてことじゃなく、文明の書き換え作業にしっかり取りかかるときなんじゃないでしょうか。

そう、引っ越しです。引っ越し先は、言うまでもありません。経済力や軍事力で競い合うような国じゃない。文化力を大切にする「別品」の国です。

執筆のきっかけをつくってくれた上にいろいろお手間をかけた加藤真理さんと集英社新書編集部の樋口尚也さん、ありがとう。そしてこの本を読んでくださったみなさん、ありがとう。

二〇一三年、経験したこともない豪雨と炎暑の歪んだ夏

天野祐吉

参考・引用文献

ヴァンス・パッカード、南博・石川弘義訳『浪費をつくり出す人々』ダイヤモンド社
F・L・アレン、藤久ミネ訳『オンリー・イエスタデイ―一九二〇年代・アメリカ』ちくま文庫
デイヴィッド・リースマン、加藤秀俊訳『何のための豊かさ』みすず書房
アーサー・ミラー、倉橋健訳『セールスマンの死』ハヤカワ演劇文庫
デニス・ガボール、林雄二郎訳『成熟社会―新しい文明の選択』講談社
マーシャル・マクルーハン、栗原裕・河本仲聖訳『メディア論―人間の拡張の諸相』みすず書房
E・F・シューマッハー、長洲一二監訳・伊藤拓一訳『宴のあとの経済学』ちくま学芸文庫
セルジュ・ラトゥーシュ、中野佳裕訳『経済成長なき社会発展は可能か？』作品社
セルジュ・ラトゥーシュ、中野佳裕訳『〈脱成長〉は、世界を変えられるか？』作品社
勝俣誠、マルク・アンベール編著『脱成長の道―分かち合いの社会を創る』コモンズ
神野直彦『「分かち合い」の経済学』岩波新書
佐伯啓思『大転換―脱成長社会へ』NTT出版
西川潤『グローバル化を超えて―脱成長期　日本の選択』日本経済新聞出版社
内田樹ほか『脱グローバル論―日本の未来のつくりかた』講談社
橘木俊詔・浜矩子『成熟ニッポン、もう経済成長はいらない』朝日新書
浜矩子『浜　矩子の「新しい経済学」―グローバル市民主義の薦め』角川SSC新書

広井良典『人口減少社会という希望―コミュニティ経済の生成と地球倫理』朝日選書
古沢広祐『地球文明ビジョン―「環境」が語る脱成長社会』NHKブックス
常松洋『大衆消費社会の登場』山川出版社
藻谷浩介・NHK広島取材班『里山資本主義―日本経済は「安心の原理」で動く』角川ワンテーマ21
小野田隆雄『職業、コピーライター』バジリコ
西尾忠久『VWビートル』KKロングセラーズ
「広告批評」〈糸井重里特集〉ほか　マドラ出版

天野祐吉（あまの ゆうきち）

一九三三年、東京都生まれ。コラムニスト。博報堂を経て独立。雑誌『広告批評』創刊編集長。著書に『広告論講義』（岩波書店）、『天野祐吉のCM天気図』（朝日新聞）、『私説広告五千年史』（新潮選書）、編著に『よく遊びよく遊べ　隠居大学』（朝日新聞出版）ほか多数。

成長《せいちょう》から成熟《せいじゅく》へ

集英社新書〇七一三A

二〇一三年一一月二〇日　第一刷発行
二〇一三年一二月一四日　第三刷発行

著者……天野祐吉《あまのゆうきち》

発行者……加藤　潤

発行所……株式会社集英社
東京都千代田区一ツ橋二-五-一〇　郵便番号一〇一-八〇五〇
電話　〇三-三二三〇-六三九一（編集部）
〇三-三二三〇-六三九三（販売部）
〇三-三二三〇-六〇八〇（読者係）

装幀……原　研哉

印刷所……凸版印刷株式会社

製本所……加藤製本株式会社

定価はカバーに表示してあります。

ISBN 978-4-08-720713-2 C0233

Printed in Japan

a pilot of wisdom

集英社新書　　好評既刊

政治・経済——A

移民と現代フランス　ミュリエル・ジョリヴェ
メディア・コントロール　ノーム・チョムスキー
緒方貞子―難民支援の現場から　東野　真
アメリカの保守本流　広瀬　隆
「憲法九条」国民投票　今井　一
「水」戦争の世紀　モード・バーロウ　トニー・クラーク
国連改革　吉田康彦
9・11《ナイン・イレヴン》ジェネレーション　岡崎玲子
朝鮮半島をどう見るか　木村　幹
帝国アメリカと日本　武力依存の構造　チャルマーズ・ジョンソン
覇権か、生存か　ノーム・チョムスキー
戦場の現在《いま》　加藤健二郎
著作権とは何か　福井健策
北朝鮮「虚構の経済」　今村弘子
終わらぬ「民族浄化」セルビア・モンテネグロ　木村元彦
韓国のデジタル・デモクラシー　玄　武岩
フォトジャーナリスト13人の眼　日本ビジュアル・ジャーナリスト協会編
反日と反中　横山宏章
フランスの外交力　山田文比古
チョムスキー、民意と人権を語る　ノーム・チョムスキー　聞き手・岡崎玲子
人間の安全保障　アマルティア・セン
姜尚中の政治学入門　姜　尚中
台湾　したたかな隣人　酒井　亨
反戦平和の手帖　喜納昌吉　C・ダグラス・ラミス
日本の外交は国民に何を隠しているのか　河辺一郎
戦争の克服　阿部浩己　鵜飼　哲　森巣　博
「権力社会」中国と「文化社会」日本　王　雲海
「石油の呪縛」と人類　ソニア・シャー
何も起こりはしなかった　ハロルド・ピンター
増補版日朝関係の克服　姜　尚中
憲法の力　伊藤　真
イランの核問題　テレーズ・デルペシュ
狂気の核武装大国アメリカ　ヘレン・カルディコット

a pilot of wisdom

コーカサス　国際関係の十字路　廣瀬陽子
オバマ・ショック　越智道雄　町山智浩
資本主義崩壊の首謀者たち　広瀬　隆
イスラムの怒り　内藤正典
中国の異民族支配　横山宏章
ガンジーの危険な平和憲法案　C・ダグラス・ラミス
リーダーは半歩前を歩け　姜　尚中
邱永漢の「予見力」　玉村豊男
社会主義と個人　笠原清志
「独裁者」との交渉術　明石　康
著作権の世紀　福井健策
メジャーリーグ　なぜ「儲かる」　岡田　功
「10年不況」脱却のシナリオ　斎藤精一郎
ルポ　戦場出稼ぎ労働者　安田純平
「事業仕分け」の力　枝野幸男
二酸化炭素温暖化説の崩壊　広瀬　隆
「戦地」に生きる人々　日本ビジュアル・ジャーナリスト協会編

超マクロ展望　世界経済の真実　水野和夫　萱野稔人
TPP亡国論　中野剛志
日本の1/2革命　池上　彰　佐藤賢一
中東民衆革命の真実　田原　牧
「原発」国民投票　今井　一
文化のための追及権　小川明子
グローバル恐慌の真相　中野剛志　柴山桂太
帝国ホテルの流儀　犬丸一郎
中国経済　あやうい本質　浜　矩子
静かなる大恐慌　柴山桂太
闘う区長　保坂展人
対論！　日本と中国の領土問題　横山宏章　王　雲海
戦争の条件　藤原帰一
金融緩和の罠　藻谷浩介　河野龍太郎　小野善康　萱野稔人
バブルの死角　日本人が損するカラクリ　岩本沙弓
TPP黒い条約　中野剛志・編
はじめての憲法教室　水島朝穂

a pilot of wisdom